国籍と遺書、兄への手紙

ルーツを巡る旅の先に

安田菜津紀

兄さんへ

あなたはどこまで知っていたのでしょうか。
父さんが私には決して、語らなかったことを。

プロローグ

満月だ。普段は水が淀んで見え、お世辞にも綺麗とは言えない東京湾も、月が輝くときは違う顔を見せる。

父と母の離婚後、父は東京に残り、私は母と共に神奈川県横須賀市へと移り住んだ。父がこちらに来るよりも、私と、六歳年の離れた妹が東京に会いに行く機会の方がずっと多かった。

父も母も、人込みや人と群れることが好きではない。母は表面上、社交的に取り繕《つくろ》うことができるが、父はそこまで器用ではない。皆でご飯を食べていても、父はいつの間にかふらりと、どこかにいなくなってしまう。

その日は横須賀のファミリーレストランで食事をしていたが、いつものように父は、食べ終えるとさりげなく外に出ていった。

目の前は砂浜だ。

父は一人ぽつんと、浜辺に座って月を眺めていた。痩《や》せて背の低いその背中が、海を前にするとなおさら小さく見える。月、というよりも、その光がくっきりと映る水面《みなも》を見ていたのかもしれない。

父が横須賀でゆっくり時間を過ごすのは珍しい。ただ、どんなに遅くなっても、決して泊まってはいかなかった。

砂を踏む私の足音に気づき、父が振り返る。何となく気恥ずかしいけれど、私も少しだけ離れて隣に座る。波音はいつになく静かだった。

「お父さんはね、海を見ていると心が落ち着くんだよ」

ふいに父から語りだした。こうして自分の内面を話すのは珍しい。

どう返していいか分からず、「私も」とだけつぶやく。

父がほほ笑む。

「そうか。やっぱりなっちゃんは、お父さんの子どもだね」

中学二年生の夏だった。もしもこれが最後の会話だと分かっていたなら、私はあのとき、どんな言葉を続けただろう。

その年の秋に、父はこの世を去った。それは誰しもが経験するような、ごくありふれた喪失のはずだった。けれども後に目にする戸籍の文字が、私を思いもしなかった旅へと誘《いざな》うことになる。

今私は、フォトジャーナリストとして、貧困や災害、紛争下で生きる人々の取材を続けている。シャッターを切る軸になってきたのは、「家族とは何か」という問いだった。私は「家族は仲良くすべき」「家族の絆を大切に」といった「血」にこだわる圧が好きになれない。誰かに強制される人との距離感にも抵抗がある。けれども同時に、戦争など理不尽な出来事によって、家族が意思に反して引き裂かれていくことには激しい憤《いきどお》りを感じてきた。

この本では、いつ、どのようにして「家族とは何か」を問う旅がはじまったのか、そしてその「問い」がどのように変化していったのか、私自身の生い立ちにも触れながら、お伝えしていきたいと思う。

私がこの「旅」に本腰を入れはじめたのは、新型コロナウイルスの感染が拡大しはじめた時期と重なる。つまり、父が亡くなってから二〇年近くも経った、ごく最近のことだ。幼い頃に父と通った川沿いの小さな喫茶店は、真っ白な壁のバーに変わっていた。調べてみると、つい三年前に長い歴史を閉じたばかりらしい。マスターは父を覚えていただろうか。

長い空白の年月が、故人の生きた日々をたどることを阻《はば》む。それでも、遅すぎることはないはずだ。

これから綴るのは、私のルーツを巡る物語だ。けれどもその中に、父や祖父母たちの世代が生き抜いてきた、確かな歴史の息遣いを感じてもらえたら嬉しく思う。

目次

本書では被害の内容をお伝えするために、差別文言を記載している箇所があります。

特に24、40、60、76～80、88～89、93、155、159～160、169、208ページでの表現にご注意ください。

第１章　旅のはじまり

「曖昧な喪失」と、カンボジアでの出会い

頭を圧するような日差しの下、ぬぐってもぬぐっても汗が止めどなく流れてくる。二〇〇三年八月、タイからカンボジアへ、私は生まれて初めて歩いて国境を越えようとしていた。徒歩での国境越え、というと、わくわくする冒険のような響きに聞こえるかもしれない。けれども当時の私には、それを味わう余裕などなく、目に映る世界を受け止めるだけで精一杯だった。

カンボジアからやってくる人々は、衣服や野菜、市場へ売りに出すあらゆるものをかついで、経済的により豊かなタイ側へと足早に歩いていく。荷車に果物を載せた人々とすれ違うと、それまで嗅いだことのないような独特の甘酸っぱさが漂った。私は彼らとは逆方向に、砂ぼこりをかきわけるように進んでいった。

カンボジアへと国境を越えたとたん、私の周りにわっと人だかりができた。大人から子どもまで、中には手や足がない人もいる。長年にわたる内戦を経てきたこの国で、地雷の被害により体の一部を失った人たちを、この後も私は何度も目にすることになる。

私たちの方へ駆け寄ってきた人たちは皆、必死の形相でこちらに手を伸ばす。「お金を」と訴えているのだと、言葉が分からなくてもすぐに察しがついた。どう振る舞えばいいのか、何をすれば「失礼」にあたらないのか、ただただ戸惑いながら、「ごめんなさい、ごめんなさい」とだ

け繰り返し、私は逃げるように隣町へと向かうバンに飛び乗った。

当時高校二年生だった私は、日本に拠点を置くNPO、国境なき子どもたち（KnK）の「友情のレポーター」としてカンボジアを訪れていた。国境なき子どもたちは、アジアの国々で教育支援に力を注ぐ団体だ。「友情のレポーター」は、一一～一六歳までの日本在住の子どもたちを、活動地に取材派遣するプログラムだった。

元々、海外に強く関心を抱いていたわけでも、人助けをしたいという意識を持っていたわけでもない。とにかく、「違う環境」に身を置きたいという身勝手な気持ちで、私はこのプログラムに応募した。

私の家族は、父、母、異母兄、私、そして妹の五人だった。父は東京のサラリーマン街で、小さいながらも鰻料理店を営んでいた。細長い店内に並ぶカウンター席、少し薄暗いけれどタレのいい香りがする厨房、それが幼い頃の私の「居場所」だった。活気に満ちた店の中で、顔を赤らめた会社帰りの客たちが陽気に語り合う様子を見ながら、この場を取り仕切っているのが自分の父であることを、子どもながらに誇らしく思っていた。鰻が決して安い魚ではないことを知ったのはずいぶん後になってからで、当時私は好物を聞かれると、迷わず「うな丼」と答えていた。

父の帰りはいつも遅く、私が起きる頃にはまだ、いびきをかいて深い眠りの中にいた。それでも父は、私が構ってほしさにお腹の上に飛び乗っても、嫌な顔ひとつせず頭をなでてくれた。髭をそるのが億劫だったからか、頬ずりされるとじょりじょりとした感触でほっぺが痛くなり、

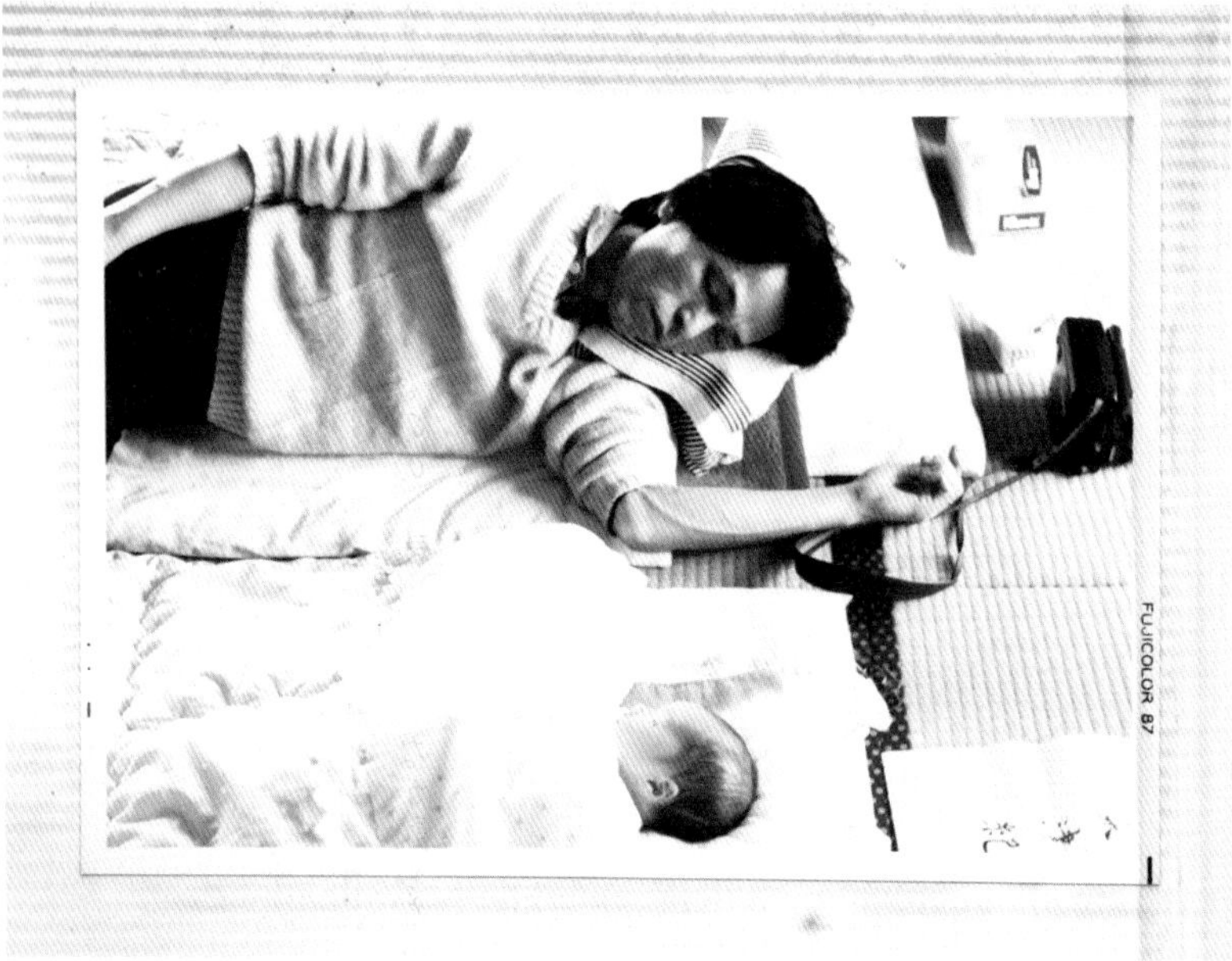

生まれたばかりの私の横で眠る父

「お父さんそれ禁止！」と、私は口を尖《とが》らせた。父はその顔を楽しむかのように、優しい笑みを浮かべるのだった。

一二歳年が離れた兄はすらりと背が高く、寝ぼけ眼《まなこ》で起きてくる朝、部屋の扉の上枠に頭をぶつける姿を何度見ただろう。スポーツが得意で、中学時代に中距離走で取った賞状が、家の目立つところに飾られていた。物静かで、家では黙ってテレビを観ているか、一人で部屋にいるかだった。時折顔をのぞき込んでみるものの、表情がなかなか読めない。それでもぱちっと目が合うと、「なんだよ？」と、いたずらっぽく笑い返してくれた。その度に、「ああ、笑ってくれた」と、なぜかほっとした気持ちになるのだった。端正な顔立ちで、遊びに来ていた友人たちが兄を見ると、「ねえねえ、なっちゃんのお兄ちゃん、かっこよくない？」とささやき合うので、どこかくすぐったい気持ちがした。やがて私が小学校に上がる頃、兄は一人暮らしをはじめ、父と同じように飲食の仕事に就く。

無口で不器用な父と、気が強い母の間には、いつしか口喧嘩が絶えなくなっていった。そして私が小学校三年生のとき、二人は離婚し、母、私、妹は東京を離れ、母の実家近くの横須賀に引っ越していく。それからの母はパートを掛け持ちし、朝の新聞配達までこなして家計を支えた。空がうっすらと白んできた頃、母が配達から帰ってきた自転車の音ではっと目を覚ますこともあった。

こうして離れて暮らす間にも、私は時折東京を訪れて、父や兄と食事をしたりしていた。ところが中学二年生の秋頃、父からの連絡がぷっつりと途絶える。「もしかして切り捨てられてしまったのだろうか」「私たちは父にとって〝必要のない存在〟になってしまったのか」――そんな思いが頭をもたげては、踏み込んで考えることが恐くなり、私は急いであふれ出しそうな感情に蓋《ふた》をした。なぜ父は、音信不通状態になったのか。その理由はすぐに、思わぬ形で私に伝わることになる。

小雨がぱらつく肌寒い一一月の夕方、学校から帰ると、家には誰もいなかった。リビングの電話を見ると、FAXが届いているのが目に入った。どこから来た、どういう内容の物だったのかは、もう覚えていないし、そのときもきっと認識できていなかっただろう。ただ、そこには確かに父の名前と、「死亡」という文字が並んでいた。頭で理解するよりも体が先に反応し、ほぼ反射的に泣き崩れた。

母たちの帰宅後、ただならぬ空気を妹に感じさせないよう、こっそり母だけを呼び出した。

「ねえ、お父さん、生きてる……？」

そう絞り出した途端、また涙がこみ上げ、声が続かなかった。体の震えが止まらない私を、母は黙って抱きしめながら、言葉を必死で探しているようだった。長い沈黙だった。そして動揺を抑え込むようにふっと深呼吸をすると、たった一言、私にこう語りかけた。

「私たちには、明日があるから」

翌日、学校に向かう通学路を歩いてみても、体はどこかふわふわとしていた。地面に足がついていないかのように、全身の感覚が薄れていた。元々学校が好きではなかった上に、自分でも言語化しきれていない気持ちを、ほかの誰かに受け止めてもらえるとは思えなかった。数人にだけ「父が亡くなった」とごく簡単に伝え、心を殻の中に閉じ込めた。

父の葬儀の連絡は、私たち家族には届かなかった。彼にはもう、別の家庭があったからだ。

考えてみればあのＦＡＸが届いたとき、父の死からすでに数週間経っていた。母はなぜ、言い出せなかったのだろうか。あの当時、母と会話した記憶はほとんどない。お互いに、父のことを話題に出すのが恐かったのだろう。

そして中学三年生が終わろうとしていた三月、父に続いて兄がこの世を去った。三月一二日、父の誕生日だった。兄も父と同じように、自分のことを多く語る人ではなかった。母も事情をよく知らず、ある日の夕方、「亡くなったみたいよ」とだけ、手短に伝えてきた。あまりに唐突すぎて、もはや感情が動かなかった。なぜ、どのように亡くなっていったのか、そして、私たちのことをどう思っていたのか、ほとんど何も分からないまま、「曖昧な喪失感」だけが残った。

その「喪失感」をどこかで埋めたかったのだろう。「友情のレポーター」の知らせを聞いたとき、全く違う環境に生きている同世代の生き方が知りたいと、真っ先に応募を決めた。それは、明らかに自分本位な気持ちだった。だからこそ、「心の準備」ができていなかったのだ。無防備だった私の内面に、この地で目にする厳しい現実が、ぐさぐさと突き刺さっていった。

カンボジア滞在中、私がともに多くの時間を過ごしたのは、国境なき子どもたちが運営する青少年自立支援施設「若者の家」に身を寄せる、同世代の少女、少年たちだった。貧困や虐待など、様々な事情から家庭で暮らせない彼ら彼女たちは、「若者の家」で生活しながら、学校や職業訓練に通い、将来への道を切り開こうとしていた。

その当時、「第二の都市」と言われていたバッタンバンでも、大型ビルなどほとんどなく、小さな商店がひしめき合うマーケットが街の中心だった。その市街地からほど近い、木々に囲まれた二つの「家」に、男女それぞれ一五人ほどが暮らしていた。ゆったりとした中庭で思い思いの時間を過ごしていた何人かが、私たちの姿を見るなり、わっと駆け寄ってきた。国境での経験が頭を離れず、一瞬身構えた私を、彼らは丁寧に出迎え、自分たちの部屋へと案内してくれた。

当時全くクメール語が分からなかった私は、彼らがそれでも諦めず、身振り手振りで何かを伝えようとしてくれるだけで、じんわりと心の中が温まった。出会う前に、「きっとこれから会うのは〝かわいそうな子たち〟なんだろう」とレッテルを貼り、彼らを覆ってしまおうとしていた自分が、たまらなく恥ずかしくなった。

取材をはじめていくと、自分の詰めの甘さを痛感することばかりだった。

服を仕立てる職業訓練所を訪れたときのことだ。機織機《はたおり》の軽快な音が響く施設で、一〇人ほどの同世代の訓練生たちが、慣れない手つきで布を織りあげていた。一人の女の子がその手を止め、私たちのインタビューを受けてくれた。

「この訓練のどんなところが好き？」

私がそんな質問を投げかけると、それまでハキハキと質問に答えていた彼女が、急に黙ってうつむいてしまった。見かねたソーシャルワーカーが、私にそっと教えてくれた。

「職業訓練はね、彼女たちが好きなことをしているというよりも、いち早く家族を支えるためにはどんな技能を身に付けたらいいだろうかって、必死に考えて選んでいるものなの」

別の女の子は、淡々とこう答えた。

「他に選択肢がないからよ」

やがて彼ら彼女たちのうちの何人かが、過去に人身売買の被害に遭っていたことを知る。カンボジアには、隣国のベトナム戦争に巻き込まれるように戦場と化していった、凄惨な歴史がある。大国に翻弄され、国内ではポル・ポト派による虐殺によって多くの人命が奪われてきた。「戦後」を迎え、復興へと歩みながらも、破壊されてしまった社会の基盤を修復していく道のりは、決して平坦ではない。そのひずみが貧困という形で、容赦なく子どもたちにのしかかっていた。

農村部の子だくさんの家庭に、人身売買業者は巧みな言葉で近づいていく。「学校に行かせながらお子さんを働かせてあげますよ」「お母さんの力だけじゃ、子どもを学校に行かせられないんでしょう?」と。売られていった子どもたちは当然、学校に行けるはずもなく、過酷な労働を強いられることになる。とりわけ少女たちの体は、その「道具」とされていく。

私が仲良くなった女の子の中に、Sちゃんという子がいた。よく笑い、皆と楽しそうに過ごしているものの、どこか一歩、はしゃぐ友人たちを引いて見る、控え目な子だった。「若者の家」

で、クメール語と日本語が併記された会話帳を通し、おしゃべりしていたときのことだった。私と何人かの少女たちは、「彼氏はいるの？」「誰が一番、かっこいい？」と、恋の話できゃあきゃあと盛り上がっていた。ふと見ると、さっきまで輪の中にいたはずのSちゃんが、離れたところでひとりぽつんと座っている。「あれ？　急にどうしたんだろう？」——気になりはしたものの、私はすぐまた、楽しい会話に熱中していった。

Sちゃんが実は人身売買の被害に遭っていたらしいこと、そして、強制的に体を売らされていたことを知ったのは、それから数日後のことだった。「だから、自分なんか汚れていて、誰かを好きになることなんてできないって思っているのよ」と、ソーシャルワーカーからも聞かされた。

私はなぜ、もっと人身売買の被害について学んでこなかったのだろう。もちろん、あの場で私に何か特別なことができたわけでもないだろう。「腫れ物に触るように」接するのも違う。ただ、少しでも知識があれば、Sちゃんの心の内を察することはできたかもしれない。彼女が望めば、そばにいることだってできたかもしれない。無知は思わぬ形で、人の心の傷をえぐってしまう。Sちゃんの内面にずかずかと土足で入り込むような振る舞いをしてしまったことが、悔やまれてならなかった。

そんな彼女たちは、「自分はこんな大変な経験をしたんだ」と、「自分」のことを真っ先に話さない。それよりも、家族のためにいち早く就ける仕事は何か、そのために選ばなければならない職業訓練は何か、ということを懸命に私たちに語ってくれた。一方で、「助けて」の声を溜め込み、心の中に抱え込んでいるようにも見えた。一人ひとりの話に耳を傾けながら、「いつか、自分自身のためにも生きてほしい」と願わずにはいられなかった。同時に、自分以外に守りたいものがある彼ら彼女たちは、強く、優しく、そして大きくも見えた。かたや「先進国」と呼ばれ、物が溢れる日本から来た自分は、どうだったろうか。「なぜ家族はもっと優しくしてくれないのか」「なぜ友人たちはもっと理解してくれないのか」と、自分を起点にしか考えず、広いはずの世界を狭《せば》めていたのかもしれない。だから、脆《もろ》かったのだ。

もうひとつ大切な気づきとなったのは、カンボジアで出会った人たちが語る「家族」の定義の大らかさだった。例えば農村やスラム街を訪ねると、小さな家々のドアは開け放たれ、中にはたくさんの子どもたちがいた。「皆、あなたのお子さんたちですか?」。お腹の大きなお母さんに尋ねると、「うーん、この子はうちの子で、こっちの子は隣の家の子、えっとこの子は……分からないけどまあ、いいわ」とケラケラ笑うのだった。

街中で話し込んでいる人が、顔見知りと思いきや、実は通りすがりの他人同士、という場面を目にすることも少なくなかった。人と人とはもっと、自然体でつながり合えるのだと教えてもらったように思う。

滞在最後の日、「若者の家」で仲良くなった男の子が、「俺にはこうやって、でっかい家族がいるんだ。君も、KnKの人たちも皆、家族だ」と、誇らしげに語った。それまでは母と妹、私、という小さな単位だった家族の幅が、私の中で一気に広がった瞬間だった。

だからだろう。一〇日間の滞在を終え東京に降り立つと、それまで感じたことのない「違和感」が湧き上がってきた。なぜ誰も目を合わせずに、ひたすら先を急いでいるのだろう。なぜ、こんなにもたくさんの人がいるのに、私は「寂しい」と感じているのだろう……。

人込みの中でめまいに襲われ、思わず道端でうずくまった。カンボジアで経験した緩やかなつながりの心地よさが、ほんの短い滞在の中でも、私の心身に自然となじんでいたのだ。

帰国後、私は「自分の家族としっかり向き合おう」と心に決めていた。けれどもふいに見舞われたその「めまい」には、より根深い何かが巣くっているようにも思えた。「家族とは何か」と模索していくことで、いつかあのざわめきのような「違和感」の正体がつかめるだろうか。

これが、私の「旅」のはじまりだった。

カンボジアの首都プノンペン郊外の村で迎えた夜明け

戸籍で目にした思いがけない文字

「前を向いて歩きなよ。過去は変わらないんだから」

父に続いて兄が亡くなったとき、友人たちは、私にそんな言葉をかけてくれた。沈んでいる私への、精いっぱいの励ましだったと思う。その気持ちには今でも、感謝を抱いている。けれども「過去は変わらない」というその一言を、なぜか心に落とし込め切れずにいた。

兄の母親であるRさんは、私が生まれる前に他界していた。「お兄ちゃんとは、お母さんが違うんだよ」と、幼い私にも両親は隠さず聞かせてくれた。一方、家族の中には、私の知りえない「何か」があることも感じとっていた。

兄はなぜか、いつも父に対して「です、ます調」の敬語を使っていた。「男の子は親に対してああいう言葉を使うものなんだろう」と、私はとりたてて疑問に思っていなかった。けれども幼稚園に通うようになって、すぐに気がつく。どんなに周りを見渡しても、親にそんな口調で話す子はいないのだ。

「家族なのになんでいっつも敬語使ってるの？　よその子みたいで変だよ？」

不思議に思い幾度か彼らに尋ねてみた。父も兄も、ただ笑って私を見つめ、何も答えてはくれなかった。

次第に「これは聞いてはいけないことなのかもしれない」と思うようになり、私はいつしか尋ねるのをやめ、「引っかかり」を胸の内にしまい込むようになっていた。ただ、しまい込むほどに、その「引っかかり」は心の中に深く刻まれる。「もしかすると父は、兄にだけわざと冷たくしているのでは……?」。それはじわじわと、父に対する不信感となっていった。

私の母と父が離婚した当時、兄はすでに社会に出て自立していたため、父とも兄とも会話をする機会はぐっと減っていった。それでも、つながりは細々と保たれていた。

父と兄が亡くなった後、カンボジアへの渡航が決まり、パスポートを作るのに戸籍が必要になった。市役所に行く機会など滅多になく、ましてや戸籍と呼ばれる書類を目にするのも初めてだ。面倒だと思う反面、何がそこに書かれているのか、単純な興味も抱いていた。

窓口で戸籍を受け取ったとき、私はそこに見慣れない文字を見つけた。

「韓国籍……?」

あの瞬間の気持ちを、私は今でも上手く言葉にすることができない。ここで私は初めて、父が在日コリアンの二世であったことを知った。それまで父のことも、そして私自身のことも、「日本人」であると何の疑いもなく生きてきた。家族の国籍など、意識の片隅にものぼったことがなかったかもしれない。全く予想もしていなかった文字を前に、正直混乱し、アイデンティティの前でフリーズしてしまった。

家に帰り、母に恐る恐る、尋ねてみた。

「ねえ、お父さんって、日本人じゃなかったの……?」

一瞬の間を置き、母は真っすぐ私を見てこう言った。

「そうだよ、気づいたんだね。君たち姉妹は〝ハーフ〟だよ」

当時の母も私も、複数ルーツを表現する言葉を、〝ハーフ〟以外に知らなかった。

戸籍の記載で驚いたのはそれだけではない。父は兄の母と正式な婚姻関係になく、しかも一緒に暮らしていた当時、父は兄を認知（婚姻関係にない男女の間に生まれた子どもを、その父または母が自分の子であると認め、法律上の親子関係となること）していなかった。

父はなぜこうも、兄を突き放すような態度をとり続けてきたのだろうか。父は兄を、兄の母を、家族として見ていなかったのだろうか。ますます訝《いぶか》しく思い、「父は本当に子どもたちを大事に思っていたのか?」という疑念さえ湧いてきた。さすがにそこまでを、母に正面から尋ねる勇気はなかった。そんな「過去」を振り返るのは、苦痛でしかなかった。

募るばかりの疑問を晴らしたかったからだろう。それから私は「在日」と呼ばれる人々の歴史や文化、国籍について調べるようになった。恥ずかしながらそこで初めて、朝鮮半島にルーツを持つ人々が直面してきた困難を詳しく知ることになる。

私が高校生になった頃には、少しずつインターネットが一般家庭にも普及してきていた。家にいながら情報収集ができるのではないかと、試しに検索をかけてみると、ネット上の掲示板には、「チョン（在日コリアンの蔑称《べっしょう》）は犯罪集団」「日本から出ていけ」といった差別書き込みが並んでいた。それも、得体の知れない匿名者たちによって。父のルーツが日本以外の国にあるというだけでも困惑していた私にとって、そんな言葉の暴力を目にするのは耐え難いことだった。その後、いわゆる「嫌韓本」が「ベストセラー」となり、いつも通っていた地元の本屋からも、次第に足が遠のくようになっていった。

こうした状況で「自分の父親も在日コリアンらしい」と、周囲に進んでは言えなかった。話した友人が、あの掲示板と同じような考えを持っていたら……。もしも密かに「嫌韓本」を読んで、そこに書いてあることを鵜呑みにしてしまっていたら……。そう考えると、言葉がのどの奥に引っ込んでしまう。けれどもなぜ、自分のバックグラウンドの一部に「後ろめたさ」を感じなければならないのだろうか。

カンボジアへの渡航後、もう一度家族に向き合うと決めてから、国籍法について調べてみたことがあった。そして、はたと気がついた。

私が生まれたのは一九八七年、そして国籍法が改正されたのはその二年前、一九八五年だ。改正国籍法の下では、父と母、どちらかの国籍を二二歳までに選ぶことになっている。つまりそれまでは、父と母、どちらの国籍も保持することが法的には可能だ。私自身は出生後、母の国籍である日本国籍を持った。

ところが国籍法が改正される以前は、子どもは「父親の国籍」になると定められていた。この父系主義の仕組みの中で、もしも父が、兄の母であるRさんと結婚して兄が生まれた場合、兄は父の国籍である韓国籍となる。当時の兄が日本国籍を持つためには、父がRさんと結婚もせず、兄の出生前認知もしない、という選択をするしかなかったのだ。

すでに亡くなった人間に、詳しく尋ねることはもうできない。けれども父が家族や周囲の人々に遺《のこ》したわずかな言葉をたどっていくと、違った「過去」の姿がそこに浮かび上がってきた。

在日コリアンのたどってきた道のりは、人それぞれ一様ではなく、価値観も多様だ。ただ父はその中でも、「在日」という自身のバックグラウンドによって、つらい経験や悲しい思いを積み重ねてきたようだった。親族との縁を絶ち、〝在日らしい〟生活のあり方も、日常の中に残さないよう努めていたという。具体的にどんな問題に突き当たってきたのか、母にさえ、父は多くを語らなかった。

ただそれでも、ルーツのすべてを消し去ることは難しい。父が兄に敬語を使わせていたのは、決して冷遇していたのではなく、家庭内でも上下関係や礼儀を重んじる、言い換えれば年功序列でもある朝鮮の文化の名残《なごり》だったようだ。

実は後に私は、父と同じような立場にある多くの親たちが、苦渋の選択を迫られてきたことを知ることになる。韓国籍の子どもとして生まれるのか、それとも「未婚の子」、「非嫡出子《ひちゃくしゅつし》」として生を受け、母親の国籍と同じ日本国籍で生きるのか――。

当時、非嫡出子は戸籍に「長男」「長女」ではなく「男」「女」と表記され、就職差別の対象になることもあった。それでも、韓国籍の子どもとして生まれる方が、直面する困難が大きいと父は考えたようだった。

少しややこしい話になるが、戸籍上は「シングルマザー」となるRさんの元に生まれた兄が、日本国籍の子となった後に、父がRさんと法的に結婚し認知すれば、兄は日本国籍のまま「嫡出子」となれたかもしれない。実はその頃父は、自身も日本国籍を取得しようと様々な手続きを行っていたようだ。けれどもそれらが完了する前に、Rさんに膵臓《すいぞう》がんが見つかり、数カ月のうちに他界してしまったという。様々な想いと、かみ合わなかったタイミングの狭間《はざま》で、その後も兄は「非嫡出子」となった。

つまり父は、兄を切り捨てるような選択をしていたのではなく、兄の将来を思いやるがゆえに、苦悩しながらこのような決断を下していたのだろう。母は時折、こう語る。

「私がお父さんに惹かれたのはね、お兄ちゃんに対する並々ならぬ愛情を感じたからよ」

これをもって一概に「日本で外国籍として生まれた子は不幸だ」「認知されない方が幸せなのだ」と伝えたいのではない。あくまでも父の経験に基づき、父なりの思いを兄に向けたとき、これが目の前にある選択肢の中での「最善」の答えだったのだろう。

それを示してくれた戸籍が、まるで父の意志が宿る「遺書」のように思えた。そう気づいてから、私の中での「過去」の見え方は、全く違ったものとなった。

それまでは、「もしもう一度父に会えたら」と想像したとき、「なぜ？」と何度も問うてしまうだろう自分がいた。「なぜ兄にあんな態度をとってきたのか」「なぜ彼だけが戸籍から外れていたのか」――。そこには怒りにも似た感情が複雑にもつれ合っていたように思う。けれどもその怒りは、何かを知るごとに少しずつ解きほぐされていった。

私たちが「学び」を続ける理由は、そこにもあるのかもしれない。

過去に起きてしまった事実は変わらない。けれどもそれをどう振り返るかによって、その「過去」は全く異なる色彩を帯びて見えてくる。今、どうしようもなく苦しく、深い悲しみに見舞われていたとしても、時を経る中で、新たな視野が開けてくるかもしれないのだ。

どんなに歳を重ねても「学び続けたい」と思えたのは、父のそんな「遺書」がきっかけだった。苦痛を伴うことを、すぐに真正面から受け止められなくてもいい。乗り越えることができない自分を責める必要もない。焦らず、ゆっくりと、自分のリズムを刻みながら、足元の気づきを少しずつ拾い集めてみる。いつしか振り返ったとき、そこにはかつて見ていたものとは違った風景が広がっているかもしれないから。

「また来るために」の響き

こうして戸籍に残された父の「遺志」を読み解きながら、過去を振り返ることが必ずしも「後ろを向くこと」ではないと気づいていった。同時に、これまでにない葛藤が頭をもたげてくる。自分は一体「何人《なにじん》なのか？」という、考えたこともなかった問いに向き合うこととなったからだ。

幼い頃、父と海水浴場で

「だって朝鮮学校とか行ってないし、自分は国籍、日本なんでしょ？　じゃあ日本人じゃん」

たまたま友人を介して出会った朝鮮学校出身の男性に、面と向かってこう言われたことがある。真顔でそう語る彼の目を、私はまじまじと見つめ返した。それは何ら悪意のある発言ではなかったと思う。私の心も特に、傷ついてはいない。けれどもすぐには言葉が浮かばず、歯がゆさだけが残った。

もちろん私は、朝鮮語を話すこともできず、〝それらしい教育〟も受けた記憶はない。ただ、「だからあなたは日本人だよ」というその一言が、父の抱えてきたものを消し去ってしまう気がしたのだ。その一方、「ど真ん中の在日」ではないという気後《きおく》れも、どこか私の中でぬぐえずにいた。「こんな自分に父のことを語る資格があるのだろうか」と躊躇してしまうのだ。

そんな中途半端で宙ぶらりんな自分に嫌悪感さえ抱いているときに、在日韓国人の年上の女性から、こんな言葉をかけられた。

「この社会でマイノリティとして生きるってどういうことだか分かる？　例えばあなたがどんなに優秀な成績をおさめたとしても、『さすが在日の子！』『母子家庭の子はやっぱりできるね！』とは言われないの。ところがあなたがもし悪いことをすれば、『やっぱり在日の子は！』『母子家庭の子は！』と言われてしまう」

自身も親たちから言われ続けてきたことらしかった。そして彼女はこう続けた。

「だからとりわけ身の振り方に気を付けなさい。それがマイノリティとして生きるということなのよ、努力しなさい」

どうにも腑に落ちなかった。

社会の中での振る舞いに気を遣うこと自体は悪いことではない。けれどもそれが「少数者であるから」という理由であるならば、何も考えず受け流すことはできなかった。なぜ、差別をする側ではなく、受ける側の態度ばかりが取り沙汰されてしまうのだろう。けれどもそれに明確な反論ができるだけの言葉を、当時の私は持ち合わせていなかった。

高校三年生の夏休み、ひとり思い立ち、これまで訪れたことのない父、兄の墓参りに行ったことがあった。最寄りの駅からずいぶん離れた、自然豊かな丘の上だった。八月が終わりに近づいていても、森の香りは瑞々《みずみず》しかった。平日だったからか、開けた墓地に人影はなく、木々のささやくような葉音にまじって、鳥のさえずりだけがこだまする。

無表情な墓石の前でぼうっとしながら、このまま消えてしまおうか、という思いが頭をよぎった。しばらくその場でたたずんでいると、「おーい」と、後ろから声がした。気のせいだと思っていると、今度はもっと近いところから「おーい」と呼び声がする。墓地まで送ってくれたタクシーの運転手さんだった。丘をのぼり、息を切らせながら、「帰り、困ってるんだろう？ すぐ下のバス停までだったら送っていけるから、乗っていきな」と車を指さす。高校生が帰りのタクシー代まで持ち合わせていないことぐらい、お見通しだったのかもしれない。あのときは半分頭が真っ白だったので、十分にお礼を伝えられたかも定かではない。彼は言葉通り、丘の下の小さなバス停まで快く見送ってくれた。

ゆらゆらとバスに揺られ、最寄り駅に戻ってきたときには、空が少しずつ暗くなりはじめていた。さびれた駅前にはぽつんと一軒、小さなラーメン屋があった。お腹が空いている感覚はなかったものの、なぜか吸い寄せられるようにふらりとその赤い暖簾《のれん》をくぐる。カウンターだけの店内に、客は私だけだった。麺がちょっぴりちぢれた醤油ラーメンをすすって店を出るとき、片言の日本語を話す店主さんが満面の笑みで、「どうも！　また来るために！」と手を振ってくれた。

「また来るために」という言葉の響きは、妙に温かかった。そして私はその日の夜、何ごともなかったように家へと戻った。

人を救うのは、映画に出てくるような特別な「ヒーロー」ではないのかもしれない。身近な人の存在は大事ではあるが、心の支えになるのは近しい人だけとも限らない。時に見知らぬ人のささやかな優しさが、命をつなぐ。

兄への手紙

兄さんへ

あなたにこうして語りかけるのは何年ぶりでしょう。ちょっぴり照れくさいですが、落ち着いて言葉を届けたかったので、手紙にしてみました。

幼い頃、私はあなたがなぜ敬語を使っているのか分からず、「よその家の人みたい」とからかったことがありましたね。父さんが亡くなって初めて、父さんが在日韓国人だったこと、韓国の伝統文化は家庭の中でも年上を敬うことを知りました。

そんな事情も知らず、あのときの私はただただ、守られていたのですね。

年が一三も離れ、違う母親から生まれたこともあってか、優しい兄さんなのに、近くにいるとどこか、緊張していたのを覚えています。

父さんが亡くなってから数年ぶりに電話で話したとき、「うちに遊びにおいで」と声をかけてくれましたね。受話器越しの約束は今も、果たされないままです。

こうして手紙を書いた理由が、もうひとつあります。

あなたのお墓の前に立ったとき、あなたの魂はもう、そこにはない気がしたのです。自由になって今、どこを飛び回っているんですか？　時々、私たちのことも見守りにきてくれていますか。

最後に。
世界中があなたを忘れても、私はあなたを忘れない。

兄と幼い頃の私。東京の自宅で

母国語を話せないなんて「かわいそう」

大学時代はとにかく、アルバイトに明け暮れた。

カンボジアに渡航したことをきっかけに、私は「伝える」仕事を志し、大学三年生頃からはすでに、フォトジャーナリストとしての仕事を始めていた。当時はまだ「自転車操業」にもほど遠く、海外渡航費などをバイトでまかなっていた。二二時頃まで大学近くのお好み焼き屋で働き、その後、油とソースの匂いを髪の毛からぷんぷん放ちながら丸ノ内線に飛び乗って、二二時半頃から朝までスーパーの品出しをしていた。

大学で朝練を終えたラクロス部の部員たちに交じってシャワーを浴び、図書館の椅子を四つ並べて仮眠をとった。そのうち、同じ授業をとっている親切な友人たちが心配して、起こしに来てくれる。寝ぐせのまま授業に出て、いつの間にか寝落ちしてしまう、ということも少なくなかった。授業のない日は、大学近くに借りていた六畳の風呂なしアパートで昼頃まで寝ていた。

お好み焼き屋の周りは、女性たちが接客する店が林立している繁華街だ。そのためか、「同伴出勤」の女性を伴って来店する中年男性が多かった。連れ合いの前で〝いい恰好〟をしたいからなのか、彼らはたいてい、横柄な態度で無理な注文をしてきた。

「あそこの席、空《あ》いてないの?」「あそこは予約席です」「まだ来てないんだったら座れるじゃん」「ですから……」「いいから入れろよ」「はあ？」

私はそこでひきつった笑顔を繕えるほど器用ではなかった。しょっちゅうそんな客とぶつかっては、店長が出てきて謝罪をしたり、私自身が始末書を書かされたりもした。こうして飲食店で働いていると、店員に対する態度に、その人の「本質」が表れることがよく分かる。

私は常に苛立《いらだ》っていた。理不尽な客に遭遇する度、「父も兄も仕事場で、日々こういうものに晒《さら》されていたんだろうか」と考えた。

一方で、スーパーの夜勤は楽しかった。喫煙室仲間の年配の「おっちゃん」たちはいつも愉快で、現場では丁寧に仕事を教えてくれた。勤務を始めて間もない頃、すし詰め状態の業務用エレベーターで、「今度少し休みをとってカンボジアに行くんです」とおっちゃんたちに話したことがあった。エレベーターを降り、休憩がてら喫煙室に座ると、一人のおっちゃんが耳打ちしてきた。

「いいか、深夜に働いてる人は〝訳《わけ》あり〟の人が多い。一人で子ども育ててる人とか、結婚していても旦那が働かない家庭とかな。だから俺たちの前ではいいが、皆の前で〝楽しそうな話〟は控えてやれ」

このバイト先にも、独自の〝作法〟があったのだ。

あるとき、「新人」として初老の男性が一人加わった。喫煙組ではなかったものの、控室で度々言葉は交わしていた。どこで耳にしたのか、彼は私の父の出自《しゅつじ》に触れ、にやにやしながらこう言った。

「へえ、韓国語話せないの？　〝母国語〟なのに話せないなんて、かわいそうですね」

彼の放った言葉のざらざらとした感触に、私はただただ、押し黙った。

確かに父のルーツは韓国にあるが、私はその言語を学んだことはない。話せないことでなぜ、「かわいそう」と憐れむような視線を向けられなければならないのか？　果たして私にとって韓国は〝母国〟なのか？

大学の同級生や後輩たちの中には、朝鮮学校を卒業して入学してきた友人たちもいた。一九九〇年代中頃まで、朝鮮学校からの受験資格を認めている大学はごく限られていた。大検（大学入学資格検定。現在の高等学校卒業程度認定試験にあたる）を受けようにも、朝鮮学校の中学を卒業しただけでは、その大検受験資格さえも得られなかった。そのため朝鮮学校の生徒たちはまず、日本の通信制や定時制高校に在籍した上で、大検に合格するか、その日本の高校も卒業する必要があった。当然、経済的な負担もかさむ。

私の通っていた大学は、当時から朝鮮学校の生徒の受験を認めていたものの、「他の大学では求められるから」「将来必要になるかもしれないから」と、友人たちは皆、大検を受けていた。

ある授業で、学生たちの「リアクションペーパー」を教員が読み上げていたときのことだった。書き手の名前は伏せられていたが、その中に在日コリアンの学生が書いたらしいものがあった。

「私はきっと、〝在日〟の人と結婚することになると思うし、両親も親戚も、それ以外認めないと思う」

今でもそうした家庭やコミュニティが存在することに、当時の私は衝撃を受けた。その文章には続きがあった。

「でも、今では日本人と結婚する人たちが増えています。だから〝在日〟はいずれ、消滅すると思う」

私の所属する学科の学生たちはよく、「ラウンジ」と呼ばれる半地下の食堂にたまっていた。そこでふとしたきっかけから、在日コリアンの友人たちと、差別のこと、朝鮮学校のことなどに話を巡らせたことがあった。そして、自分のルーツについても。

東京近郊の朝鮮学校出身だというひとりの友人は、二〇〇二年に拉致被害者の一部が日本に戻ってきた当時のことを振り返った。

「あのとき、泣いてる先生もいたんだよね。自分の〝祖国〟がそんなことするはずないってずっと信じてたと思うから。でも私たちは世代も違うし触れてるニュースも違うから、〝ありえるかもな〟とうっすら思ってた」

目を伏せる彼女の表情に、複雑な思いが読み取れた。

あの頃のニュースの熱の帯びようは、私もよく、覚えていた。拉致が重大な人権侵害であることは間違いない。ただ、その「熱」の一部はやがて、隣国への「批判」を超えた攻撃の渦《うず》と化していった。植民地支配という歴史的な文脈が、まるで実態がなかったかのように切り離され、

「ならず者国家」という「叩いていいターゲット」としてつるし上げられていく。その「国家」という巨大な主語の中に、「在日」も否応なしに組み込まれていた。私が父のルーツを知った当時、恐る恐るのぞいたネット上の掲示板には、「日本に暮らしたいなら在日全員、拉致被害者に謝罪しろ」「ミサイル飛ばすなってお前の国の指導者に言っとけ」と、市井《しせい》の一人ひとりまでをも一体化させ、標的にする言葉が溢れていた。

友人たちと語り合いながら、私は戦後の「帰国事業」について触れた。在日コリアンに対し、朝鮮民主主義人民共和国と日本赤十字社が共同で行った事業だ。

日本にいる在日コリアンの多くが、南北に分かれた朝鮮半島の南側、現在でいう韓国側に「故郷」があった。ところが日本の敗戦後、米国やソ連の思惑で、朝鮮半島は二つの国に分断されてしまう。そして一九五〇年六月、同じ民族同士が武器を向け合う朝鮮戦争が起きる。米国を主体とする国連軍が南側につき、中国軍が北側を支援した。両者は今も、休戦状態にある。

「帰国事業」が進められていた当時、メディアでは「北朝鮮は地上の楽園」と盛んに喧伝《けんでん》されていた。在日コリアンたちが日本国外に「帰国」していくのは、日本政府にとっても都合のいいことだった。事業初年の「帰国者」約三〇〇〇〇人のうち、生活保護の受給者は四割を超えていたとされ、多くの在日コリアンが、差別や生活困窮に直面していた。言ってみれば日本政府にとって、その責任と向き合うことなく「厄介払い」ができるのだ。一九八四年に最後の帰国船が出るまでの間、「帰国者」は九万三〇〇〇人を超えたとされる。

この話をすると一人がこう言った。

「帰国事業のこと、よく知ってるね」

彼女の眼差しは真剣だった。自分たちのコミュニティの外側にいる多くの人々が、在日コリアンの歴史に決して詳しくはないと、よく知っていたからだろう。実際彼女たちは大学でも、「いつから日本にいるんですか？」「日本語上手ですね」といった質問にうんざりしていた。ただ当時の私にはどうしても、「あっち側の人」なのによく知っているね、という風に聞こえてしまった。アイデンティティが迷子になると、ついうがったとらえ方をしてしまう。「結局はどっちつかずの他者なのだ」という高校時代の葛藤に、再び立ち戻ってしまったような気にさえなった。

彼女たちは大学卒業の日、艶《あで》やかなチョゴリを着て、大学のメインストリートを歩いていた。まぶしかった。「なっちゃんも着たらよかったのに」と一人が声をかけてきた。私はただ、笑顔で彼女たちを見送った。

こうして些細な言葉に過敏になる、感情の小さな揺れ動きは、人から見れば取るに足らないものに違いない――そう思い込むことで、私はそれから数年間、所在なげに漂っていたそのアイデンティティを心のどこかに押しやり、見ないふりをすることになる。

第2章　「家族とは何か」から「故郷とは何か」へ

瓦礫に覆われた街と「故郷」

大学を卒業して一年後の二〇一一年三月、激しい揺れのため歪んだままの東北道を走り、私は北へ北へと向かっていた。目指していたのは岩手県の沿岸の街の中で最も南に位置する、陸前高田市だった。東日本大震災当時、義理の両親がこの街で暮らしていた。

義理の、といっても、私と夫はこのときまだ「事実婚」状態だった。その前年、都内で開いた写真展にふらりとやってきた夫は、アフリカ、ザンビア共和国でのＮＧＯの仕事を終え、帰国した直後だった。意気投合してギャラリーで話し込み、私たちはすぐに一緒に暮らし始めた。

東京を出発してから丸一日後、目の当たりにした陸前高田市中心街は、朝日の中でどこまでも累々《るいるい》と続く瓦礫に覆われていた。「生きている人がいたら奇跡かもしれない」と、しばらくただ、その場に立ち尽くした。

幸い義父は、勤めていた県立病院の四階で一命をとりとめた。当時の病院は地震の影響で一部停電状態にあり、義父は看護師たちと手分けをしながら、重症患者たちの人工呼吸を手動で続けていたという。

「そこに波がどっと押し寄せてきてね。患者さんが横たわっているマットが勢いよく浮き上がったんだ。そこにしがみつきながら人工呼吸を続けたんだよ」

義父はなかば興奮気味に話した。災害発生直後の緊張状態による高揚が、数日経っても義父の中で続いていた。

一方、どの避難所を回っても、義母の姿を見つけることはできなかった。あっという間に二週間ほどが過ぎ、私たちは避難所巡りを諦めた。その先に待っていたのは、ときに百人を超えるだろうご遺体が並ぶ、安置所に通う日々だった。

ようやく届き始めた棺《ひつぎ》が、顔の部分だけ開いた状態で体育館にずらりと並んでいる。川底の泥と、線香の煙の臭いが入り混じる中、ひとつひとつ、棺の窓をのぞき込む。訪れた人々は皆一様に無言だった。この場所に足を運ぶということは、その探している「誰か」が生きているという望みを手放すことでもあった。

二〇一一年四月九日、義母は海側から川を上流に九キロも遡った瓦礫の下から、地元の消防団によって発見された。これだけ濁流に押し流されてもなお、彼女は大切な家族だった二匹の犬の散歩ひもを、ぎゅっと握りしめたままだったという。透明のビニール袋に入れられたそのひもは、川の水を芯まで吸い込み、手に取るとずっしり重かった。

義父と義母は大学で出会い、一八歳の頃からずっと共に人生を歩んできた。遺体の横に崩れ落ちたままの義父の悲しみは、筆舌に尽くしがたいものだった。

安置所の写真は、撮れなかった。シャッターを切ることに、何の意味も見出せなくなっていた。写真を撮ったところで、街を元通りにできるわけでも、避難所の人々のお腹を満たせるわけでもない。

やがて私は、瓦礫の中から見つかった、泥だらけの写真の洗浄作業に携わるようになる。まだ仮設住宅の入居も始まらず、多くの人が体育館や公民館などに身を寄せ合い、避難生活を送っている最中だった。それでも、丘の上の作業場には、はるばる歩いて通ってきては、大切な誰かの写真を探し求める人たちが絶えなかった。噂を聞きつけて、市街地で拾ったものを届けに来る人もいた。二〇畳ほどの作業場が、写真やフィルム、アルバムの入った籠《かご》で、びっしりと埋まっていく。

四月も半ばを過ぎると、東北とはいえ徐々に寒さが和《やわ》らいでくる。凍えながら体育館の床に寝泊まりする人々にとっては喜ばしいことであるものの、写真の洗浄は時の経過とともに、より困難な作業へと変わっていった。バクテリアやカビが日増しにはびこり、すでに黄色や紫色に変色しているものも目立つ。

ぬるま湯を張ったタライに、固まりになった数枚の写真を浸けると、水面に油が浮き、水がヘドロであっという間に真っ黒に染まる。指先に神経を集中し、ゆっくり、ゆっくり剥《は》がしていくと、そこには誰かの思い出の瞬間が活き活きと現れる。結婚式で涙する夫婦、小さな子どもたちが真新しいランドセルを自慢げに背負う入学式、食卓を囲んでいる何気ない日常風景――。

一枚一枚を剥がす度に、ほっと安堵のため息をつき、そして思いを馳せる。ここに写っている人たちは無事なのか、大切な人と再会できているのか、と。

あるとき、妻と子どもを亡くし、写真を探しに来た年配の男性が、ぽつりとこんなことを語っていた。

「せめて、写真の中だけでも会いたい」

フォトジャーナリストとしての仕事を続けながら、それまで写真の役割は、「今」の出来事を「今」伝えることだと思ってきた。けれどもその一枚が、思いがけず、会えなくなった人たちと出会える「窓」のような存在になることもあるのだ。

ふと、兄が亡くなったときのことを思い出す。長らく一緒に暮らしていなかったこともあり、「顔を忘れたくない」と、手元に残っている数少ない写真を必死に探した。引き出しの奥から出てきた写真の兄は、海辺でサングラスをかけていた。いつもどんな表情を浮かべていたのか、どんな声だったのか、「家族なのに」どんどん記憶が薄れていくことに、焦りだけが募った。

忘れてしまう、ということで、自分がまるで兄の存在を蔑《ないがし》ろにしているかのような罪悪感さえ抱いた。後にそんな話を友人にしたとき、彼は「忘れてもいいんだよ。むしろその方が楽になることだってある」と、さらりと言った。彼も中学生のとき、父親を亡くしていた。

「俺は家族写真を見るのも、撮るのも好きじゃなかった。欠けてる家族がいるって、実感しちゃうからさ」

「でも――」、と少し考えてから、彼はこう続けた。「いつか気持ちが変わって見たいなって思ったとき、やっぱり手元に何もないっていうのは、寂しいのかもな」。

その後も私は陸前高田市に通いながら、新たに撮らせてもらった写真を届けて回った。声をあげて喜んだり、黙ってじっとそれを見つめながら涙を流す人もいた。「何もかも流されてしまったので、これが最初の思い出です」、と。もしかすると自分が今、残そうとしているものも、無意味ではないかもしれない。あのときの友人の言葉が、被災地で写真を撮り続ける、ひとつの心の指針となった。

東北を巡る取材をしながら、いつしか私は「故郷とは何か」に思いを巡らせるようになっていた。

震災直後、圧倒的に破壊されてしまった街を前にしたとき、「人はさぞかし海を恨むだろう」と思わずにはいられなかった。ところが、それから数カ月もすると、海辺で片づけをしたり、使えそうな漁具を拾い集めたりする漁師たちの姿を見かけるようになった。骨組みだけになってしまった港の小屋にテントを張り、震災前は電動で行っていた仕事を、浜人たちは手作業でこなした。

ときには照りつける太陽の下で、ときには早朝の寒空の下で、漁業者たちがこつこつと積み上げてきたものが、やがて海の恵みとして再び、届けられるようになっていった。夏の海からウニがあがればお裾分けが行きわたり、「今日は家に帰ったらウニ丼だ」と、街がどこかそわそわしたような空気に包まれる。海の営みは、街の呼吸そのものだった。

私は幼い頃に引っ越したり、同級生とは別の学校に進学したりと、「地元」「幼馴染」「旧友」

骨組みだけになった小屋にテントを張り、牡蠣養殖のための作業が続けられていた

解体前の陸前高田市役所前で

「親戚」という、この街で頻繁に耳にする言葉のどれにも縁がない。あれだけの大災害があってもなお、街を離れずにいる人々の姿に触れ、「故郷」というものは決して、「土地」だけを意味するものではないのだと気づかされていった。

もちろん「地元」の濃密な人間関係は、ある種の「呪縛」にもなりえる。時にはその人の心身を、窮屈に縛るものかもしれない。けれども未曾有の事態を前にしたとき、人が生き抜く「生命線」にもなりえるものだった。

「故郷とは何か」という問いは、私がこれまで考え続けてきた「家族とは何か」を、より深めたもののように思えた。その探求は、後の海外取材でも続いていく。

「シリアは死んでしまった」それでも――

二〇一七年一月、私はイラク北部、クルド自治区の首都であるアルビルに滞在していた。ここは一時、〝第二のドバイ〟と呼ばれるほど、急速な開発が進んだ街だった。ところが二〇一四年にIS（過激派勢力〝イスラム国〟）がイラク国内で一気にその支配域を拡大すると、治安の悪化を恐れた外国資本が次々とこの地を去っていった。

ビル街のかたわらに、鉄骨がむき出しの姿で放置された建設途中の建物が寂しく並ぶ。そうした廃墟に間仕切り代わりのシーツや布を張り、寒さをしのぎながら暮らしているのは、戦禍を逃れ、避難民となった人々だった。

冷たい風が吹き抜けていく夕暮れ、私が向かったのは街の拠点のひとつである救急病院だった。遠くから絶え間なく、救急車のけたたましいサイレンが近づいてくる。ここには昼夜問わず、近郊の〝前線〟から負傷者が緊急搬送されてくる。

ISに占領されていたモスルという都市には、比較的規模の大きな病院が複数存在していた。そのいずれも空爆で機能を失ったり、あるいはまだISの支配下に置かれていたりと、近隣の人々が治療を受けられる状態にはほど遠かった。だからこそ遠く離れたこのアルビルを目指すほかなく、悪路を迂回し、検問をくぐり抜ける過程で手遅れになってしまう重傷者も少なくなかった。

薄明かりの入り口前でサイレンの音が止まると、「道を開けて！　急いで輸血を！」と、医師や看護師たちの怒号とともに小さな少女が処置室へと運びこまれてきた。頭を撃たれ血だらけになったその少女は、まだ九歳だった。

部屋を見渡すと、横たわる兵士たち以上に、その少女と同じ年頃の子どもたちの姿が目立つ。後から後から運ばれてくる傷ついた人々のかたわらで、きょうだいたちが泣きながら手を握り、母親たちが虚《うつ》ろな目で空《くう》を見つめながら祈り続けている。手当てを受ける人々のうめき声、叫び声は廊下まで響いた。

あまりの凄まじさに立ち尽くしそうになっていると、私の姿に気づいた一人の父親が、こち

ＩＳが撤退する際に、火を放っていった油田

らに勢いよく近づいてきた。「撮るな」と言われるのだと思い、一瞬体がこわばる。予想に反し、彼は高ぶる感情を抑えるように、低い声でこう言った。

「おい、撮れ。この子たちがスナイパーに見えるか？　兵士に見えるか？　そう見えないなら、ちゃんと撮れ」

髭の奥の顔は疲れ果て、声は微《かす》かに震えていた。彼の言葉に、はっと我に返る。自分にはこの場で、傷口を縫うことも、癒すこともできない。撮り、伝えることしかできないのだ。

私はシャッターを切るとき、ふたつの願いを込める。ひとつは、目の前の「あなた」の傷が一日でも早く癒えるように。もうひとつは、二度と同じように人々が傷つかないように――。そのふたつともが、毎回打ち砕かれ、家族たちは引き裂かれていく。

自ら声をあげることができない人々にとって、私の手元にあるカメラが、「生きた証《あかし》」を託す最後の手段になることもある。そんな写真を見返す度に、憤り、やるせなさ、悲しみ、あらゆる感情がごちゃ混ぜになって溢れてくる。

このイラク北部、クルド自治区に逃れてきているのは、国内で行き場を失った人々だけではない。戦闘が続く隣国シリアからも、当時二〇万人近くが身を寄せていた。

ＪＩＭ－ＮＥＴ（日本イラク医療支援ネットワーク）で働いていたリームさんも、その一人だった。彼女の家に招かれたとき、生まれたばかりの娘サービーンちゃんを親戚たちがあやし、リームさんは忙しく夕食を作っていた。私も大好物のレンズ豆のスープや、ザクロをたっぷりかけたサラダがすでに食卓に並んでいる。台所には、チキンを焼くその香ばしさがいっぱいに満ちていた。

「いいからただ座ってて、ここはあなたの家だと思っていいんだから！」と、客人は何も手伝わせてもらえない。こうして車座になって食事を囲む時間は、いつも格別なものだった。夕飯が終わると、溶け切らないほどの砂糖をたっぷり入れた甘い紅茶を飲みながら語り合った。

リームさんはかつて、シリアの首都ダマスカス郊外にある看護学校に通っていた。ところが二〇一一年三月から、国内の状況は様変わりしていく。

強大な力で支配を続けてきたアサド政権に対し、長年抑圧されてきたものが一気に噴き出したかのように、人々が路上へと繰り出し、抗議の声をあげはじめた。権力の腐敗を問い、当たり前の「自由」を求めるデモに、軍や治安部隊は武力で応じた。その残忍な弾圧に加え、政権の「後ろ盾」とも言えるロシアも、やがて無差別の空爆を加えるようになった。

徐々に熾烈《しれつ》になっていく「内戦」は、リームさんの生活にも影を落としていった。情勢の悪化と共に、同級生たちが学校近くで誘拐されたり、殺害されたりということが続くようになる。病院スタッフが次々と他の街や国外に避難し、ついに看護師がいなくなってしまうと、まだ学生だったリームさんたちが、負傷者たちの救護にあたらなくてはならなくなった。悪夢のような日々をくぐり抜け、なんとか隣国イラクへとたどり着いたのが、二〇一三年の夏のことだった。

戦争前の思い出を尋ねると、彼女の話は尽きない。高校で試験が終わった後、友人たちとはしゃぎながら訪れたアイスクリーム屋、深夜に出歩いても安全だった街の様子、そして、宗教や国籍、人種の違いなど、意識することさえなく生活していた日々のこと――。

「シリアに行ったことがある人なら知っているはずです。小さな子どもたちがどれほど幸せそうに笑っていたか。今訪れても同じ光景を見ることはもう、ありません」

シリアは死んでしまった、とリームさんは声を震わせる。一〇年以上にわたって続く戦争の中で、家族や親戚、身近な人を亡くしていない人など、もはやいないだろう。生き残った人々も、各国の避難先でばらばらに暮らしている。細切《こまぎ》れになるほど引き裂かれた日常が元通りになることはもう、望めなかった。

リームさんはここ数年、シリアのニュースを見ることさえできずにいるという。真偽のはっきりしない情報が絶えず飛び交い、テレビをつければ否応なしに誰かが殺害された映像に触れることになる。支援活動に奔走しながら抑え込んできたはずの悲しみや葛藤が、また一気に呼び起こされてしまう。

「革命が始まったとき、これほどの事態になるとは想像もしていませんでした。もし過去に戻れるならば、そんな〝革命〟は選ばなかったでしょう。小さな子どもたちや友人たちが死んでいくような〝自由〟は求めていないんです」

それでもリームさんは、「いつか必ず、故郷に帰りたい」という。なぜ、ずたずたにされ続けてきた地になお、戻りたいと望むのだろう。リームさんにとって「故郷」とは、どんな存在なの

シリア北東部の避難民キャンプで

だろうか。七カ月になる娘、サービーンちゃんを見つめながら、彼女ははっきりとした口調でこう語った。

「この子が私から離れたがらないのと同じです。故郷シリアは母、私たちはそこから生まれた赤ん坊。戻りたいと思うのは、自然なことでしょう？」

リームさんが「戻りたい」と強く願う反面、戦争が長引くほど、その「故郷」の姿を全く知らない子どもたちが増え続けていく。隣国で生まれたサービーンちゃんも、その一人だった。彼女はこれから成長していく中で、自身の「ルーツ」とどのように向き合っていくことになるのだろうか。

思えば私の父の家族も、戦禍や歴史に翻弄され、故郷から切り離されてしまった人たちだったはずだ。

いつしか私の中で、「家族とは何か」が、「故郷とは何か」に変わり、やがてそれは、「ルーツとは何か」という、根本的な問いになっていく。こうしてルーツのある場所から引き剥がされてしまった人たちを取材し続けるのであれば、自分自身がその「問い」に背を向け続けてはいけない気がした。

「お前は分断を認めるのか」

二〇二〇年春、誰がこんなことを予想していただろうか。新型コロナウイルスの感染が一気に広がり、予定していた仕事は軒並みキャンセルとなった。メールボックスには、先方から届いた「お詫び」の連絡がずらりと並び、カレンダーは空白だらけになっていった。計画していた海外取材も、早々に中止の判断を余儀なくされていく。五月には友人たちと韓国に行くはずだったものの、隣国にさえ次にいつ渡航できるのか分からなくなってしまった。

異変は身近なところでも起きていた。いつも通りがかる街中の飲食店が、「JAPANESE ONLY」という言葉を公然と掲げているのを目にするようになったのだ。この「JAPANESE」とは一体、誰のことを指すのだろうか。

日本国籍の人なのか？　でも、日本国籍でも日本でほとんど過ごしたことがない、もしくは日本語を話さない人もいる。

日本語話者なのか？　でも、外国籍でも流暢に話す人もいる。

日本在住の人なのか？　でも、暮らしている人々のルーツやアイデンティティは多様だ。

〝日本文化〟を愛する人？　でも、愛していようがいまいが、この社会で生きる権利はあるはずだ。

考えれば考えるほど、そこに「絶対的境界線」などないことに気がつく。感染防止の観点から見ても、「JAPANESE ONLY」にまったく合理的な根拠はないはずだ。ウイルスは国籍や在留資格を見て侵入してくるわけではない。それにもかかわらず、「非常時なんだから当然だ」「仕方ないだろう」と擁護する声が飛び交った。

そして三月、さいたま市で朝鮮学校がマスク配布の対象外になったというニュースが届いた。全国的なマスク不足に陥る中、市は子ども関連施設や高齢者施設に向けて備品を提供すると決定したが、「マスクが不適切に使用された場合、指導できない」などを理由に、埼玉朝鮮幼稚園は蚊帳《かや》の外に置かれた。まるで転売や悪用を端《はな》から疑っているかのような言い分だった。

学校や保護者たちが声をあげ、のちに配布の判断となったものの、それは行政が正面から「誤り」を認めたのではなく、「在庫数と配布数を調整できた」からだという。この件が報道された直後から、連日鳴りやまないほどの抗議の電話が殺到した。さいたま市に対してではない。「命の線引きをしないでほしい」と訴えた、学校に対してだ。

「JAPANESE ONLY」という言葉の量産も、マスク配布からの排除も、この社会に脈絡なく現れたものではない。これまでも存在した差別的政策や市井のヘイトの蓄積が、コロナ禍でより、むき出しになったのだろう。

私は報道番組で、日本の政治や社会について発言する機会がある。最初に朝の長寿番組に出演した際に、自分の父のルーツが朝鮮半島にあることを明かしていた。そのときの特集がたまたま日韓関係だったため、ごく自然な流れで触れたつもりだった。けれどもそれ以降、番組出演の度、SNS経由で必ず「罵声」を浴びせられるようになった。「朝鮮人が日本の政治に口出すな」「反日朝鮮女のくせに生意気だ」――中には「あいつの耳はどう見ても朝鮮耳だ」と身体的な特徴を揶揄《やゆ》するものさえあった。どんな内容のコメントをしても、あらゆる文脈が出自に回収されてしまう。「やっぱりな、日本人ならこんなこと言わないと思ったよ」、と。

「反日」というのは、「便利」な単語らしい。自分と違う考えを持つ人々をその大きな主語でくくり、切り捨ててしまえば、「自分は間違っていない」という安心の中に身を埋めていられる。あとはその「主語」を感情のゴミ箱にして、汚《よご》れた言葉を投げ込み続ければいいのだ。

「祖国に帰れ」「出ていけ」と言われたところで、私の「祖国」はどこなのだろうか。仮に「出ていけ」という言葉通り、本当に出ていったとしてみる。結局、「嫌なら出ていけ」からマインドが変わらない限り、残った人たちの中でまた、小さな「差異」をあげつらい、形を変えた排斥が繰り返されるはずだ。この「冷ややかな思考停止」は、コロナ禍でじりじりとまた、広がってしまうのだろうか。得体の知れない、どろどろとした恐怖感が、自分の体にまとわりつくようだった。

ちゃんへん.さんと初めて出会ったのは、それより二年前の夏、共通の知人を介した食事会でのことだった。ジャグリングパフォーマーとして世界的に活躍していると聞き、私は豪快な雰囲気の人を想像していた。けれども、仲間たちと一緒にわいわいと焼肉を囲む輪の中で、ちゃんへん．さんはどちらかというと物静かな印象を与える人だった。

彼は二十歳のとき、自身の「ルーツを探る旅」に出たことがあるという。ちょうど同じような旅を考えていた私は、そこからちゃんへん．さんが何を見出したのか、より深く知りたくなった。このコロナ禍に渦巻く不安に、ただ漫然と呑み込まれないための糸口をつかみたい、という思いもあっただろう。同年代でアイデンティティを巡る葛藤と向き合ってきたところにも、勝手に親しみを感じていた。

ここで朝鮮半島ルーツの「在日」と呼ばれる人々の歩みについて、改めて触れておきたい。日本の植民地時代、朝鮮半島出身の人々は「皇国臣民」の「日本国籍者」とされてきた。ところが、一九五二年にサンフランシスコ講和条約が発効されると、今度は一方的にその立場を奪われ、多くが「朝鮮人」という特定の国籍を持たない存在として扱われることになる。このときすでに朝鮮半島は南北ふたつの国に引き裂かれていたが、一九六五年、日本は南側の韓国とのみ国交を結んだ。

その後、韓国籍を取得する人が増えていく。私の父の家族もそうだったのだろう。他方、ちゃんへん．さんの家族のように、「朝鮮人」「朝鮮籍」のままで生きる人たちもいた。よく「朝鮮籍って北朝鮮籍でしょ？」と混同されることがあるが、歴史的経緯が示すように、両者は異なるものだ。

東京・十条駅から五分ほど民家脇の細道を歩いていくと、古いたたずまいの正門が見えてくる。

七〇年以上歴史のある東京朝鮮中高級学校は、サッカーやラグビーの強豪校としても知られてきた。広々とした校庭が青空の下、部活動の時間を今か今かと待ちわびているようだった。この日は全校生徒を対象とした催しに、ちゃんへん.さんが登壇することになっていた。全国的に学校行事が中止になっていく中でも、定評のあるちゃんへん.さんの公演は、感染対策を施し、各地で続けられていた。「絶対に生徒たちに聞かせたい」と保護者や教師たちが強く思うものが、彼の話の中にはあるのだろう。

休み時間になると、制服を着た生徒たちが足早に廊下を通り過ぎ、すれ違うときには「アンニョンハシムニカ（こんにちは）」とはにかみながら挨拶をしてくれた。「チョゴリの制服、素敵ですね」と案内してくれた男性教員に伝えると、彼は一瞬、複雑な表情を浮かべた。

「でも、通学してくるときは別の制服を着て、チョゴリは学校に来てから着替えるんです。学校の外で着ていると、切られたり、嫌がらせに遭うことがあったので……」

そして淡々と、「珍しいことではないんです」と付け加えた。

二階席まである講堂で、ちゃんへん.さんのステージが始まった。最も得意とするディアボロは、個数が増えるほど難易度が増す。四つの駒が天井にぶつかるほど高く、鮮やかに舞うと、息を呑みながら見守っていた生徒たちから、惜しみない拍手が送られた。パフォーマンスが終わる頃には、この場に不思議な一体感が生まれていた。

汗を拭きながらマイクをとり、ちゃんへん.さんはこれまでの歩みを語りはじめた。その語りの中身もまた、息をつくのも忘れるほど壮絶なものだった。

小学校時代、ちゃんへん．さんは通名の「岡本」を名乗っていたものの、やがて彼の出自は、クラスメイトや上級生までが知るところとなる。三年生になると、「朝鮮人」であることを理由に、命を奪われていてもおかしくないほどの激しいいじめを受けるようになった。そんな彼の人生に光を差すような出会いが、中学時代に訪れる。

あるとき、ふらりと立ち寄ったジャグリングショップで、ジャグラーのアンソニー・ガットのパフォーマンス映像を偶然目にする。彼の人並み外れた技の数々は、ちゃんへん．さんを一気に魅了した。「自分も将来、こんな舞台に立ってみたい」——けれども「朝鮮籍」は、事実上の無国籍状態だ。この道で世界へと飛び出すため、韓国籍を取得する際の話が、とりわけ胸に迫った。

母の昌枝《ちゃんじ》さんは、「韓国籍を取りたい」というちゃんへん．さんを、祖父母のところに連れて行った。そして号泣しながら祖母に土下座し、おでこを床に擦《す》り付けながら、懇願した。

「息子に韓国籍を取らせてください！」

祖母はちゃんへん．さんの目の前で、怒声を浴びせながら昌枝さんを蹴り飛ばした。足蹴《あしげ》にされ続けながらも昌枝さんは、「息子の夢のためなんです！　一生のお願いです！」と、泣きながら繰り返す。やがて少し冷静になった祖母が、今度はちゃんへん．さんに向かって叫ぶ。

「お前！　韓国国籍を取るとかぬかしてんのか！」

そしてさらに大声で、こう続けた。

「お前は！　南北分断を認めるのか！」

先述のように朝鮮半島は、米国とソ連の思惑によって真っ二つに分断される。同じ民族同士が武器を向け合うこととなった熾烈な朝鮮戦争は、一九五三年から今に至るまで休戦状態にあり、「戦後」を迎えられていない。その朝鮮戦争の不条理を黙って見過ごすのかと、祖母はちゃんへん．さんに突きつけていた。どちらかの国を選ぶということは、分断を認めることなのだと、彼女は目に涙をためながら訴えていたという。

「お前は！　戦争という手段を使って、一部の人間だけで幸せになろうとする奴らを認めるのか！」

ここまで生徒たちに滔々《とうとう》と語っていたちゃんへん．さんが、ここで一瞬、言葉に詰まった。目が真っ赤だった。恐らく今日までにも、何十回、いや何百回と人前で同じ話をしてきたはずだ。それでも、慣れることができない、慣れてはいけないものを、彼はひたむきに語っていた。その揺れ動きが波動のように観客側にも伝わってくる。目頭が思わず熱くなった。さっきまで手を叩き、はしゃぎながら聴いていた生徒たちが、水を打ったようにしんとなり、真っすぐに耳を傾けている。

この話には続きがあった。そのとき、かたわらで静かにテレビを観ていたはずの祖父が、急に立ち上がって、こう語りだしたのだ。

「俺たちの国は五〇年前に二つに分けられ、兄弟や家族ともバラバラに引き裂かれた。戦争が始まって、めちゃくちゃになった」

日頃は無口な祖父が口を開いたことに、ちゃんへん．さんは驚いたという。

「俺の夢は今も昔も変わってない！　祖国がもう一度ひとつになったときに、生き別れた家族とまた一緒に暮らすことや！　俺の夢はもう、かなわへんかもしれん。でも、こいつの夢は国籍を取るだけでチャレンジできるんや！」

ちゃんへん．さんの祖父母はともに一〇代半ばの頃、様々な事情で日本に渡ってきている。朝鮮半島を発つとき、祖母の持ち物は、家の鍵と飴玉数個だけだったそうだ。後から来るはずだった母と一緒に食べようと、空腹を我慢してその飴を残しておいたという。

日本が敗戦を迎え、ようやく故郷に帰れるというときに、今度は朝鮮戦争が起きてしまった。持ち出した「鍵」を再び使う日は、ついに訪れなかった。それでも、この日本で生き抜き、子どもを育て、そして孫のためにもできる限りのことをしようと努めてきた。

かなわない「夢」を語った祖父が晩年、日本国籍を取得していたと知ったのは、彼が亡くなった後だったという。国籍は変わっても、中身は変わらないだろう、とちゃんへん．さんに投げかけた言葉を、祖父は行動でも示そうとしたのかもしれない。

以前、ちゃんへん．さんが私にこう話してくれたことがある。

「どっちが自分の名前だとか、自分の国がどこだとか、そもそも自分を表すものが〝ひとつだけ〟っていうのがおかしい。両方自分だし、日本も朝鮮半島も、どちらも自分のルーツ。この人にとって僕は〝岡本君〟、この人にとっては〝金〟なんだ、それで間違ってない」

「自分は何人《なにじん》なのか」という煮え切らないものを抱えていた私にとって、その言葉はすっと、心の奥底に届き、小さな棘《とげ》のように刺さっていた何かをじわりと溶かしていった。私がこれまで払拭できずにいた違和感の正体は、「どちらかでなければならない」という周囲の物差しを押し付けられる窮屈さだったのかもしれない。私が目指したかったのは、きっとちゃんへん．さんのように、自分の複数性を自然に抱きながら生きることだったのだろう。

公演後、私たちは生徒たちの部活動を見学して回った。グラウンドを煌々《こうこう》と照らす照明の下、サッカー部の生徒たちのかけ声が夜空にこだまする。教室から漏れ聞こえる、軽快な伽耶琴《かやぐむ》のリズムも心地よい。その音《ね》に耳を傾けながらも、ちゃんへん．さんの祖母が語った言葉が、心の中でずっと、反響し続けていた。

「お前は！　戦争という手段を使って、一部の人間だけで幸せになろうとする奴らを認めるのか！」

朝鮮戦争。

それは同じ年頃で日本に渡ってきたであろう、私の祖父母も直面したはずの歴史だった。

第3章　ルーツをたどって

もうひとつの「遺書」、外国人登録原票

「外国人登録原票、遺族なら写しが受け取れるの知ってる？」

友人にそう教えてもらったのは、ごく最近のことだった。私が彼と出会った大学時代、彼はまだ、自分の両親が在日コリアンだとは知らなかったという。父親が亡くなり、残された書類からそれが分かると、入管（現在の出入国在留管理庁）に親族の外国人登録原票の交付請求をしたそうだ。「その書類にはさ、朝鮮半島のどこの出身かっていうことも書いてあって、俺もそれを頼りに親戚訪ねにいったもん」と、彼は当時のことを、いつになく目を輝かせながら語っていた。

そんな方法があったのか――。父方の家族の手がかりといえば、戸籍に記載された「韓国籍」という文字と、祖父母の名前くらいだった。死者に尋ねることができない以上、もはやたどる手段はないだろうと諦めていた。諦めた、というよりも、それを言い訳にして「蓋をしてきた」だけかもしれない。そうした折に聞いた友人の言葉に、目の前が突然開けたような思いだった。

外国人登録制度というと、馴染みのない人も多いかもしれない。平たく言えば戦後、在日コリアンを主とした「外国人」を「管理」「監視」し、「治安維持」するためにできた仕組みだ。登録原票のうち、必要事項を記載したものが「外国人登録証」と呼ばれるもので、外国人は常時携帯

するよう求められてきた。二〇一二年に外国人登録制度が廃止され、外国人登録証が在留カードに代わっても、携帯義務は変わらない（特別永住者の場合は「在留カード」ではなく「特別永住者証明書」で、常時携帯義務はない）。父や祖父母の登録原票も、記録として残っているはずだった。

コロナ禍で外出を控えていた二〇二〇年春、厚みのある茶封筒が自宅に届いた。入管からだった。急いで封を切り、折り曲がらないようそっと書類の束を取り出す。最初に請求した、父と祖父の外国人登録原票だった。コピーにコピーを重ねたのか、どの紙も隅々まで粗く、光に透かしてもつぶれて読めない文字が目立っていた。事実上黒塗りになってしまっている箇所にもどかしさを抱きつつも、ようやく「自分の一部」を取り戻したような、温かな気持ちが湧き上がる。ただ同時に、「管理」のためにできたこの制度で家族の歩みをたどることに、割り切れない思いも交錯する。

書類には、日本に渡った日付、暮らしていた住所など、家族の歴史が断片的に記《しる》されていた。祖父の金命坤《きむみょんごん》（一部記載は金明根）が日本に渡ってきたのは、戦中、一四歳のときだった。今は多くの観光客が日本からも訪れる、朝鮮半島南端の港町、釜山《プサン》からだ。本籍地は釜山から見て北西約九〇キロに位置する、現在の大邱《テグ》広域市の辺りだ。

手書きの文字で最初に綴られていた祖父の日本の住所は、京都市伏見区だった。一九四八年に父が生まれると、しばらくは大阪市西成区で暮らしていたようだ。職業欄には「飲食店」や「衣服生地仲介」とある。そして西成を離れた後は、群馬や栃木、東京など、各地を転々とした形跡があった。仕事の関係だろうか。それとも何か、別の理由があったのだろうか。とにかく、どこかに落ち着いて暮らしていたわけではないことだけは確かだった。

　残念ながら、私が生まれてから数年後に、祖父は他界してしまっていた。父が祖父との関係を断っていなければ、幼い頃に会えていた可能性もあったということだ。

　原票の細かな記載に目を凝《こ》らすと、父がまだ一〇歳に満たないとき、「保護者」が祖父ではない人に変わったことが読み取れる。苗字も全く違うその人を、父は「叔父」と呼んでいたようだが、血のつながりがあったかどうかは定かでない。

　私の実家には父の持ち物として唯一、新宿区内の小学校の古びた卒業アルバムが残っている。茶褐色のカバーを開いてみると、モノクロの集合写真が現れる。けれどもそこに、父の顔も名前も見当たらない。「叔父」は自身の仕事の都合で、父を引き取ったり施設に預けていたりを繰り返していたようだ。住所からして、父はこの学校に通っていたのかもしれない。あるいは籍だけ置いて通学せず、卒業の年齢になってアルバムだけが送られてきたのだろうか。過去の私物をほとんど残していなかった父が、このアルバムだけは保管していたことを考えると、何か思いがあったのかもしれない。

　やがて父は一四歳で「叔父」の家を飛び出し、中学にも通わず、老舗の鰻料理店に住み込みで働き始める。その後独立し、新橋に構えたその店で、私の母がアルバイトをしはじめたのが二人の出会いだった。母が知っていることと、外国人登録原票の情報をつなぎ合わせても、分かっていることはほぼこれだけだった。父は母との結婚後も、両親の名前やその生死さえ、自ら語ろうとはしなかったという。

登録原票には、三年ごとの指紋押捺《おうなつ》の印と、その度に撮影された顔写真が並んでいた。少し頼りなげに見える青年から恰幅のいいおじいさんとなった祖父、昔から細身のままの父。けれどもそこに並ぶ父の目は虚ろで、私が知っている和《なご》やかな顔は書類のどこにもない。

日本で生まれながら、「外国人」として否応なしに「管理」の仕組みに組み込まれることを、父はどう、感じていたのだろうか。父が日本国籍を取得したのは、私が三歳に満たないときだ。私が生まれてからもなお父は、役所の片隅で指にべったりとインクをつけ、ひとり指紋を押し続けていたのだろう。

ウトロに刻まれた「生きた証」

父の生まれた京都を目指そうと、私はまず、ちゃんへん.さんを頼った。ちゃんへん.さんは京都府宇治市のウトロ地区出身で、幼少期をそこで過ごしたという。最寄り駅で待ち合わせたちゃんへん.さんは、「案内してもらうなら、僕より適任の人がいるので」と、この地域で活動してきた南山城同胞生活相談センターの金秀煥《きむすふぁん》さんと引き合わせてくれた。

この一帯では戦中、「京都飛行場」建設が国策として推進され、多くの朝鮮人たちが労働者として集められた。ウトロ地区は、その飯場《はんば》跡に形成された集落だ。

敗戦を迎え、結局この飛行場建設はとん挫する。ウトロに残された人々は、インフラの整備も行き届かず、大雨の度に浸水被害に見舞われる過酷な環境で生きながら、時に容赦のない差別の矛先を向けられていくことになる。

一九八七年、ウトロの土地が住人たちの知らないうちに転売され、この地で暮らしてきた人々は立ち退きの危機にさらされることとなった。日本の司法も、植民地支配や戦争といった歴史的背景の本質を顧《かえり》みなかった。その後、市民からの募金や、韓国政府、財団の支援を受け、一部土地を買い取ることで、立ち退き問題は「克服」されていった。

活動拠点の事務所に招き入れてくれた秀煥さんに、私は事情を話すため、父たちの外国人登録原票を見せることにした。「管理」の記録を突然この場に持ち込んでいいのか、そもそも「家族のことを知りたい」という個人的な事情で、秀煥さんに時間を割いてもらっていいものか、私は少し、躊躇していた。

そんな心配をよそに、「おお、すごいですね！」と、秀煥さんは興味深げに原票に見入っていた。実は在日コリアンであっても、この外国人登録原票を見たことがなかったり、引き出し方を知らなかったりする人が少なからずいると、私はこの旅を通して知ることになる。「どうやったら手に入るんですか」と聞かれたことは、一度や二度ではない。「貴重な資料ですね」と繰り返す秀煥さんの様子に、どこかほっとしている自分がいた。

看板などが保管されていたウトロの倉庫

私からひと通り経緯を説明し終えると、秀煥さんはウトロの一角を案内してくれた。一世たちが暮らしてきた証でもあるかつての飯場も、このときはすでに、解体を待つのみとなっていた。朽《く》ちかけたトタンの壁を覆うように、雑草がそこかしこから生い茂る。目の前の古めかしい倉庫には、ウトロの人々が生きる権利を訴えてきた立て看板が保管されていた。人の背丈よりも高いその一枚一枚には、真っ赤な文字で「ウトロは在日のふるさと」「ウトロを無くすことは在日の歴史を無くすこと」と力強く綴られている。

「ウトロの歩みを伝えるために、祈念館を建てるんです」と、計画の展望や、直面している課題などを秀煥さんが語ってくれたのはこのときだった。倉庫におさめられた看板も、祈念館での展示の「出番」を待っていた。当時はまだ、この地を凄惨な事件が脅《おびや》かすことなど、想像もしていなかった。

学校襲撃事件の深い爪痕

雨が降っては止《や》み、折り畳み傘をなかなかしまえずにいる私をからかうかのように、くるくると天気が変わる。ウトロを訪れた翌日、私は鴨川のせせらぎを聴きながら、土手沿いの道をたどっていた。この日は父の生家があった京都市伏見区深草の周辺を、ジャーナリストの中村一成《いるそん》さんが共に歩いてくれた。

一成さんが見つけてきてくれた昔の地図によると、登録原票に記載された住所地には、ハーモニカ状の住居があったようだ。その小部屋のひとつに、「金」の文字が刻まれている。「多分、こやね」。一成さんが指さした先には、アスファルトが覆う駐車場があるだけだった。何十年という年月の中で、当時の営みの匂いはほぼすべて、消し去られていた。

父の生家跡から鴨川を渡って北に進むと、そこは多くの在日コリアンが暮らしてきた東九条だ。今でも細道沿いにホルモンなどの食材屋が並び、生活の息吹を感じる場所が残されている。用水路のような高瀬川と鴨川にはさまれた二重堤防部分は、かつてのウトロ地区と同様、電気や水道、ガスといったライフラインが全くない劣悪な環境だったという。法的な居住地として認められず、行政から立ち退きを迫られていた上、周囲からは「ゼロ番地」「ていぼう」と蔑《さげす》まれていた。

今では高瀬川の一部が埋め立てられ、そこに三棟の公営住宅が建っているが、入居した在日一世、二世たちはすでに高齢となっている。

そして、父の生家跡から鴨川をはさんでほぼ川向かいの一角には、二〇一二年まで京都朝鮮第一初級学校があった。学校はすでに高台に移転し、跡地にはビジネスホテルが建っている。無機質な敷地に、子どもたちが学んでいた頃の痕跡はほとんど残されていない。

あの悍《おぞま》しい事件の爪痕さえも。

二〇〇九年一二月から三度にわたり、「在特会（在日特権を許さない市民の会）」メンバーらがこの学校を襲撃した。最初の事件は、子どもたちの昼休み中に起きる。住宅街の静けさを突如、醜悪の限りを尽くした罵声が引き裂いた。私も当日の映像を見たことがある。「密入国の子孫やないか」「チョンコ」「キムチ臭い」「犯罪朝鮮人」「日本から叩き出せ」――校門前に陣取った彼らは、生徒たちや関係者たちがまるで生きるに値しないかのような言葉を、拡声器で執拗《しつよう》に投げつけ続け、差別を「娯楽」のように消費していた。後から後から浴びせられる暴力を前にしても、警官たちは矛先を向けられた側を守ろうとはしなかった。その「何もしない」態度は、襲撃側に事実上の「お墨付き」を与えたに等しい。子どもたちにとっては、命の危険を感じる経験だっただろう。最初にこの映像を見たとき、一成さんは思わず「吐いた」という。

ネット上にいまだ残るその動画を見ながら、思う。父はもしかすると、こういうものを、私たち子どもに見せたくなかったのではないか、ルーツを「語らなかった」のではなく、「語れなかった」のではないか、と。

人は理由なく、自身のルーツを隠したり、切り離そうとしたりはしないだろう。もしかするとこのルーツを探る旅を、父は望んでいないのではないか、これ以上知らないでほしいと思っているのではないか――歩きながら、そんな迷いを率直に、一成さんに伝えてみた。

一成さんの母方の家族も、在日コリアンだった。母は自身の出自を必死に隠そうとしてきたものの、一成さんは子どもの頃から、彼女が「日本人」ではないことに気がついていた。一成さんが物心ついた頃には、父は酒に酔い、家の中で暴れては物を破壊していた。夜中に母を踏みつけ、唾を吐き、口をついて出てくるのは、「血が汚い」などという民族差別の言葉だった。「私は日本

父の生家跡地近くを流れる鴨川の前で

人や」と泣きながら母が父の足にすがりついていた姿は、今でも思い返すことに苦痛が伴うという。

だからこそ一成さん自身も長らく、母が自分の出自を恨んでいるのではないかと思ってきた。

「あるとき、母親に過去のことを尋ねてみたことがあったんです。祖母が焼肉屋をやっていたこと、在日の集住地域に暮らしていた時期があったこと、日本国籍を取ったときのこと、ずいぶんと語ってくれました。それは、私の中では大きな経験でした。この人は自分の出自を捨て去ったものとしてとらえているのではなく、本当は言えるときを待っていたのではないか、と思ったんです」

父も私が成長し、語れるときを「待っていた」のだろうか。

「朝鮮人って悪いの?」

午後になると雨脚《あまあし》が強くなり、やがて打ち付けるような土砂降りとなった。一成さんと別れると、私は逃げ込むように龍谷大学の門をくぐった。研究室が並ぶ一角で訪ねたのは、この大学の法学部教授で、ヘイトスピーチの問題に詳しい金尚均《きむさんぎゅん》さんだ。びしょ濡れで入ってきた私に驚き、真新しいタオルと温かいエスプレッソで迎えてくれた。

尚均さんはあの事件の当時、京都朝鮮第一初級学校のアボジ会(父親会)の副会長を務めていた。授業の合間、研究室で昼食をとろうとしていた矢先に、学校からの電話で襲撃を知り、すぐさま自転車に飛び乗って駆けつけた。

「お前らウンコ食っとけ、半島帰って」「日本に住ませてやってんのや！」「何が子どもじゃ、スパイの子どもだろうが！」——そこで目の当たりにしたのは、日の丸を高々と掲げながら学校の目の前でがなり立てる、異様な集団の姿だった。

「あのとき感じたのは、日本語という共通言語を喋っているにもかかわらず、話が通用しない恐さです。彼らが何を喋っているのか、全然分からないんですよ」

尚均さんはかつて、「金城」という通名を名乗っていた。「金」の漢字がつく名前に在日コリアンが多いことを、小学校低学年の子どもたちでさえ知っていた。幼少期に周囲から差別用語で呼ばれる体験は、自身の出自をポジティブにとらえられることを阻《はば》んだという。

「金城」ではなく本名を名乗るようになったのは、大学時代だった。

「やっぱり、嫌だったんですね、隠している自分が。楽になりました、本当に。今でいうたらマスク取ったときみたいな、スカッとした感覚ですね」

尚均さんもパートナーも、朝鮮学校で学んだ経験はない。子どもが自分のルーツをポジティブにとらえる基盤を作れるよう、親としてできることを考え、二人は子どもたちを朝鮮学校に通わせることを選んだ。だからこそ在特会の襲撃は、「僕自身を否定しに来たのと変わらない」という。罵声《ばせい》を浴びせる集団を前に、自分のこれまでの人生すべてが無になったような、足元ががらがらと崩れ落ちる感覚に陥った、とあの日を振り返る。

事件が学校関係者や子どもたちに残した傷は深かった。「僕は子どもたちに、〝学校は全然悪くないよ〟〝僕たちは悪くないよ〟ってことあるごとに言ってきたんです。でもやっぱり事件当時、小学校四年生だった娘は、〝朝鮮人って悪いの？〟って尋ねてきたりしましたね」。

ヘイト集団から発せられる言葉の中には、特定の民族を虫や動物にたとえる表現が頻繁に現れる。

「彼らは〝ゴキブリ朝鮮人〟って言ったりしますよね。あの表現には歴史的に意味があるんです。ゴキブリって叩いて殺しますよね。ルワンダの虐殺のときにも、〝ゴキブリ〟っていう言葉が使われました。ナチス時代、ユダヤ人は〝シラミ〟って言われていました。人間を、一般的に嫌われる生き物にたとえることによって、殺しても良い存在だと、社会を扇動してるわけです」

尚均さんに、私の父や祖父の外国人登録原票を見てもらった。生まれた年代は違うものの、尚均さんも父と同じ、日本で生まれた二世だ。

「手続きなんかで役所に行く度に、自分のアイデンティティと向き合わされるわけですよ。自分は日本に生まれ、日本で育ち、日本語もしゃべり、たまには納豆も食べ、でも役所に行くと〝お前ら違うんやで〟っていうことを知らされるわけです」

そして父のように、自分のルーツを子どもに隠して生きる在日コリアンは、決して少なくなかったという。

「僕の知ってる人はね、一八歳くらいのとき、たまたま役所に行って、お母さんが自分の外国人登録証を落として……それで初めて知ったって言うてましたね」

私は父に対し、「なぜ教えてくれなかったのか」と責める感情は一切ない。むしろ、隠さざるをえなかったのはなぜなのか、そういう生き方をせざるをえなかった背景は何か、それを探りたいと思ってきた。

この旅をはじめてから、多くの人たちが惜しみなく手を差しのべてくれていた。「ルーツは大切だからね」と、温かな声をかけてくれる。私も「ルーツが大切」であることはどこかで分かっている。けれども「なぜ大切なのか」をまだ、上手く言語化することができずにいた。そんな曖昧な気持ちを尚均さんに伝えると、少し考えてからこう、答えてくれた。

「自分がどういう風に生まれてきたのか、どういう風に育ってきたのか、ルーツを知るっていうことは、自分自身の背骨をちゃんと伸ばすことと同じやと思うんですよ。背骨なかったら生きられへんよね。自分の背骨をきっちりとつけて歩きましょう、ということかな」

尚均さんは穏やかに続ける。

「お父さんがなぜ子どもにそのルーツを教えなかったのか、いろんな理由があったと思う。教える術《すべ》を知らなかったかもしれないし、それは分からない。ただ、いつか安田さんのように、子どもがそこに疑問を感じたとき、なんで自分にとって〝引っかかる〟のかを考えるだけでも、すごくいい機会やと思う。疑問を疑問としてほったらかすんじゃなくて、まず向き合ってみる。今それ、されてんねんね」

子どもたちが朝鮮学校に通う機会を築いた尚均さん、子どもたちを「日本人」として育て、自分の歩んできた道のりを最期まで語らなかった私の父――一見、真逆の行動のようで、根底にある葛藤は、重なるものがあるのかもしれない。二人とも、子どもが自分自身を肯定して生きられるよう、最善の道は何かを、揺れ動きながらも考えぬき、選択してきたのだろう。

京都朝鮮第一初級学校が襲撃されてから一〇年以上経った今も、街角から差別は消え去っていない。この京都訪問直後にも、父が店を開いていた新橋でヘイトデモが行われたことがあった。七、八人しかいない〝隊列〟を、何十人、あるいはそれ以上の数の警官が取り囲む。彼らはデモ行進側ではなく、その外側に体を向けて併走していく。「警戒」する対象は、ヘイトスピーチを放っている側ではないのだろうか。「終着地」の公園にデモ隊と警官の群れがなだれ込んでいくと、遊んでいた子どもたちを親たちが慌てて連れ出していった。カウンター（ヘイトに反対する市民）側で集まった人々は警官に阻まれ、公園内に入ることさえできなかった。

ヘイトクライムに歯止めをかけるための法体系が、残念ながらこの国には乏しい。伝える仕事を続け、ルーツとは何かを考えることが、父が私に託してくれた役割なのだとしたら、次世代が差別の矛先を突きつけられ、沈黙を強いられることがないよう、写真で、言葉で、抗《あらが》い続けなければ――京都での取材は、私に新たな軸を与えてくれた。

新橋駅近くの公園前で

はぐらかされた「歴史否定」

二〇二〇年六月、東京では都知事選が目前に迫っていた。といっても、駅前の街頭演説に人だかりを作れるような状況ではない。テレビ討論会も開かれず、かろうじて報じられることといえば、各候補のコロナ対策が主だった。

そんな中、投開票日直前のネット番組に出演した現職の小池百合子氏は、「追悼文」の問題についてて司会者から問われた。毎年九月、関東大震災で虐殺された朝鮮人犠牲者を追悼する式典が墨田区横網町公園で開かれている。それに際し、歴代の知事は追悼文を寄せてきた。マイノリティへの差別発言を繰り返してきた、あの石原慎太郎知事でさえ、だ。

ところが小池知事は、二〇一七年からその送付を取りやめている。加えて式典のために必要な横網町公園の使用許可申請の受理を、都は三度にわたって拒否していた。

これを問われた小池氏は、「大きな災害で犠牲になられた方、それに続いて〝様々な事情〟で犠牲になられた方、これらすべての方々に対しての慰霊という気持ちに変わりはない」とうやむやな回答に終始した。

関東大震災後、朝鮮半島や中国にルーツを持つ人々が命を奪われたのは、「自然災害」による死と大きく異なる。当時、「朝鮮人が井戸に毒を入れている」などのデマに流されたのは市井の人々だけではない。警察をはじめ公権力もその扇動に加わり、虐殺が起きたことが明らかになっている。だからこそ公人が、繰り返さないための意思を示す必要があるはずだ。「虐殺」という言葉は用いず、〝様々な事情〟という、実態をあえてぼやかした言い回しをするところに、彼女の歴史認識の一端が表れていた。

結局都知事選は、開票と同時に当確が報じられるほど、小池氏の圧勝だった。私はこの日、TBSラジオの都知事選特番に出演していた。スタジオで淡々と読み上げられるその速報を聞きながら、「東京を出ようか」という考えが、一瞬頭をよぎった。この街の首長の態度があああなのだ。もしもまた同じ規模の災害が起きたとき、マイノリティをターゲットにした暴力が起きない保証はどこにもない。これまでも大災害の度に、「朝鮮人が被災地で犯罪をして回っている」といったデマがネット上で飛び交ってきた。東北では実際に、その「外国人犯罪者」を想定した「自警団」まで作られたこともある。

番組本番中にもかかわらず、いつしか私の意識はスタジオを抜け出し、幼い頃の記憶の中に吸い込まれていた。私は父に手を引かれ、銭湯へと続く夕刻の細道を歩いていた。毎日の通学路でもあるその道を父と歩くのは、どこかわくわくとした気持ちになる。

「今日はこれからね、なっちゃんの小学校に行くんだよ」

「学校？　日曜日なのに？　どうしてお父さんが行くの？」

「これはね、大事な用事なんだ」

そっと見上げると、日頃は穏やかな表情を浮かべている父が、妙にしんみりとした顔で前を見据えていた。私が通う小学校が投票所となる度に、父はこうして私を連れて選挙へと出向いた。たくさんの票を得た人が、この国や東京の「リーダー」になる、という漠然とした理解は私にもあり、だからこそ不思議に思っていた。「普段はずぼらで、母から怒られてばかりの父が、どうしてこんなにも熱心に、投票に通うのだろう」と。ずいぶんと後になってから、母は私にこう語った。

「外国人は投票できないでしょ？　日本国籍を取った後、選挙に行けるのがよほど嬉しかったんだろうね」

父は何を一票に託していたのだろう。その思いを確かめる術《すべ》はもうない。

けれども父は、身を持って知っていたはずだ。この社会に生きながらも、日本国籍ではないために、投票という手段で直接声を届けることがかなわない人たちがいることを。

追悼と喧騒

その日の公園は、異様なほど張り詰めた空気で覆われていた。明らかに私服の警官や公安と分かる男性たちが、やや遠まきでこちらの様子をうかがっている。何食わぬ表情を繕おうとしても、耳にイヤホンを当て、せわしなく誰かとやりとりをしていれば、「一般人」ではないことぐらい、素人目にも明らかだった。二〇二〇年九月一日、私は墨田区横網町公園で行われている「九・一

横網町公園での追悼式

関東大震災朝鮮人犠牲者追悼式典」を訪れていた。なんとかこの年も開催にこぎつけた式典だったが、新型コロナウイルスの影響で、一般参加を募ることがかなわなかった。犠牲者を悼む石碑の前で、関係者だけが小さなブースを出し、深く、静かな祈りをささげた。

ところが、同じ公園内のわずか二〇メートルほど先で、「日本人を貶《おとし》める都立横網町公園朝鮮人追悼碑を許すな」「六千人虐殺も嘘、徴用工強制連行も嘘」という、およそ死者に思いを馳せることとはほど遠い看板を並べたてた、別の集団が集会を開いていた。公園の木々の間からも、その物々しいスローガンが垣間見える。集団は〝日本を愛する女性の会〟を自称する、「そよ風」と名乗るグループだ。この集団が追悼式典の目と鼻の先で集会を開くのは、四年連続だった。

実は前年の彼女たちの集会では、出席者から「犯人は不逞朝鮮人」などといった発言があり、東京都が二〇二〇年八月、人権条例に基づきヘイトスピーチと認定している。ところが彼女たちの集会は、何事もなかったかのようにこの年も許可されていた。

式典の関係者は苦笑しながらこう語る。

「これでも今年はずっとましなんですよ。去年はスピーカーをこっちに向けて歴史修正発言を繰り返していましたし、一部の参加者が実際にこっちを妨害しに来たりしていましたから」

「そよ風」と追悼式典との間には、人の背丈ほどの柵が隙間なく設置され、分離壁のように公園の一角を隔てていた。「そよ風」側の公園ゲートの向かいには、「ヘイトスピーチを許さない」などのプラカードを掲げたカウンターの人々が集結している。けれどもその数を圧倒的に凌駕する警官たちが、横断歩道前で何重もの列をつくり、がっちりと道を塞《ふさ》いでいた。「なぜ渡らせてもらえないのか」という抗議の声にも、まともにとりあってはくれない。

やがて、礼服に身を包んだ「そよ風」側の参加者たちが、集会を終え、公園ゲートへぞろぞろと歩いてきた。年配の男性が中心だが、中には三〇代くらいの若い世代の顔もある。「そよ風」は女性の会を標榜しているが、男性も支援会員として入会することができるようだ。警官たちは彼らの両側を守るようにして隊列を組み、駅までの道のりを「エスコート」する。途中、ヘイト問題を長く取材している記者たちが、なぜか数人の警官に囲まれ、行く手を阻まれていた。不当な危害を加えたことなどない彼らを、「危険分子」扱いする合理性はないはずだ。

隊列を追うカウンター側からは「レイシスト帰れ！」というコールが繰り返される。無視して歩き続ける人、嘲《あざけ》るような顔を向ける人、「お前らこそ北朝鮮の拉致、支持してんだろ！　お前たちこそ人殺しだ！」と応戦する人、道路をはさんで両側の歩道は、一気に騒然となった。

やがて私を含めた記者たちで、「そよ風」側の集会に登壇していた一人の男性を囲んだ。前年の集会で「不逞朝鮮人」発言をした張本人だった。足早に歩きながらもその人は、質問を拒まなかった。真摯に対応しようとしていた、というよりは、「自分の主張に何の誤りもないはずだ」というある種の〝自信〟に裏付けられた態度のようにも思えた。

「当時、朝鮮人たちが放火して回っていたようなことが新聞でも報道されているでしょう」。そう言い放つ彼に、神奈川新聞の石橋学記者がすかさず続ける。「それは誤報だったと、各紙その後訂正していますよ？」。

何を問われても、彼はひたすら「そんな昔のことを聞かれても」とはぐらかす。堂々巡りは結局、駅にたどり着くまで続き、どこにも着地しなかった。

彼らが去り、静寂を取り戻した駅で、立ち止まって考える。私たちは犠牲を生み出した一〇〇年前の社会から、半歩でも前に進めているのだろうか。

「後ろめたさ」の正体

「〝在日コリアンとわたし〟というタイトルで、講演をしてほしい」

ヘイト問題に取り組んできた師岡《もろおか》康子弁護士から依頼があったのは、京都での取材の後だった。日が暮れかけた川崎市・桜本《さくらもと》で、私は師岡さんや、この地域の多文化共生施設である「ふれあい館」の館長、崔江以子《ちぇかんいぢゃ》さんたちと朝鮮料理を囲んでいた。玉ねぎの水分だけで何時間も煮込まれたモツ、器まできんきんに冷やされた乳色のマッコリ、どれをとっても絶品で、至福の時だった。

一九一〇年代、東京湾に面した川崎市の臨海部には大規模な工場が誘致され、周辺は一大工業地帯に変わっていった。貧困の中を生きてきた地方出身者が仕事を求めてやってきたほか、植民地支配下で渡日を余儀なくされた朝鮮半島の人々も、この地に暮らすようになっていった。戦後、日本各地で行き場を失った在日コリアンたちが、「川崎に行けば同胞もいてなんとかなる」

と、さらにこの一帯に集うようになった。

桜本や隣接する池上町には、路地が迷路のように細く入り組んだ住宅地が今も残る。道の両脇には、一世や二世たちが生きてきた古い家々やアパートが、ぎゅっと肩を寄せ合うように並んでいる。ふれあい館はそんな高齢者から〇歳児までが利用する、なくてはならない地域の拠点だった。江以子さんは私のルーツの話にいつも、親身になって耳を傾けては、「こんな人とつながるといいよ」と力になってくれていた。

二〇一六年、在特会はじめ、差別デモはこの桜本をも標的にした。その最前線に立ち、「共に生きよう」と声をあげ続けてきたのが、江以子さんだった。当時のような剥き出しのデモが桜本を直撃することはなくなったものの、二〇二〇年一月には、在日コリアンへの殺害予告が「年賀状」でふれあい館に届き、職員たちを震撼させた。この事件が報道された後、利用していた子どもの一人が、「ぼくたち殺されちゃうの？」と不安げに尋ねてきたという。その表情を思い返す度、胸が締め付けられるのだと江以子さんは語る。

私はこの講演の依頼を受けたとき、正直尻込みしてしまった。後ろめたい、と言ってもいいかもしれない。「どうして？」「そんな風に思わなくていいのに」と、師岡さんも江以子さんも心配そうに私の顔をのぞき込む。仕事終わりに駆けつけてくれた神奈川新聞の石橋記者も、横でそっと頷く。ここで出会った人たちは皆、とても優しい。私の心は桜本でいつも、等身大でいられる。ただなぜかこのときは、自分の感情の輪郭を上手くつかめずにいた。もやもやとしたものを押し込めるように、私はまた煮込みに箸をつけ、マッコリのおかわりを注文する。

帰りの電車に揺られながら、幸せなひと時を振り返りつつ、この「もやもや」の正体を探っていた。私は父たちに守られて育ってきた。「在日」として露骨ないじめを受けたりしたことはない。江以子さんたちをはじめ、差別に表立って抗い続けてきた人たちを前に、自分が「在日」を語る資格などあるのだろうか。もしも自分が、同じ立場の誰かに相談をされたとしたら、きっと「感じてきたことを素直に話せばいい」と伝えるだろう。それなのに、この釈然としない気持ちは何だろう。

酔いざましのお茶を飲み干し、車内のスクリーンに目をやる。最新のニュースが写真つきで次々流れ、そのうちのひとつが、「北朝鮮」の軍事パレードに向けての動きだった。

そのときふと、実家の食卓の光景が浮かんだ。

中学時代、家族で夕食を囲むのは大体、テレビでニュース番組が放送されている時間だった。画面には「北朝鮮」の大規模なマスゲームや、「喜び組」と呼ばれる女性たち、独特の語り口でニュースを読み上げる現地メディアのキャスターが、ぎらぎらとしたテロップを貼られて映し出されていた。映像を観終えたスタジオのコメンテーターたちは、その様子を鼻で笑い、見下した態度を隠そうともしなかった。

「やば、めっちゃこわいね」

そう最初に口にしたのは、確かに私だった。

いつの間にか、あのスタジオの空気に疑問もはさまず同調し、訪れたこともないその国を、自分とは違う「異質な何か」として見なしていた。友人たちとの会話の中で、教師の理不尽な仕打ちや不可解な校則に不満をもらしながら、「こんなの北朝鮮みたい」と口走ることもあった。つまり、蔑む意味でのたとえに、この言葉を安易に使っていた。

こうして自分が日本社会で「マジョリティ」でいる限り、差別やヘイトの問題を考えなくて済んだ。朝鮮半島に関わるニュースが大々的に報じられる度、朝鮮学校に嫌がらせの手紙が届いたり、通学中の生徒のチマチョゴリが切られたりすることにも、背を向けていられた。「気にしないでも生きられる」マジョリティの特権に、私はどっぷりと浸かり続けていた。けれどもその矛先はすべて、私の父や祖父母にも向けられてきたものだった。

もしも私があのまま、冷笑的にニュースを見続けていたら、どんな大人になっていただろうか。「そよ風」の集会の中に、「私」はいただろうか。掲示板やSNSの匿名性の陰から、特定ルーツの人々に「帰れ」「死ね」と打ち込み続けていただろうか。

私が感じてきた「後ろめたさ」は、父の出自を知るまで、他者の痛みに想像が及ばなかった自分への不甲斐なさだった。

私自身の内にも確かにある「加害性」と向き合わない限り、差別の問題はずっと、皮膚の「外側」にあるもの、つまり「他人事」であり続けてしまう。この加害性から今後も目を背け続けるのか、それともその気づきを受け止め、行動し続けるのかは、大きな分岐点のはずだ。今の自分

池上町の公園で。この場所もヘイトの標的になったことがある

にも果たせる役割があるのであれば、家族のことを、話してみよう――。マッコリの酔いが醒めてきた頭の中で、私はそう、決心した。

「自分語り」の場

これまで何度となく、人前で話す仕事をこなしてきた。生放送であっても、大勢の前の講演であっても、もう緊張することはほとんどない。ただ、この日は少し違っていた。コロナ禍のため、オンライン配信になったものの、ビデオカメラとPCを前に、私の手は小刻みに震えていた。外国人人権法連絡会での講演が始まり、隣に座る司会の師岡さんは、私の不安を見越してか、落ち着いた進行でバトンを渡してくれた。

話さなければならないことがあった。私の最初の「加害」についてだ。

幼い頃、母は私に月三〇〇冊もの絵本を読み聞かせてくれていた。一日一〇冊、ともなると、図書館でそれを選ぶだけでも一苦労だったはずだ。旅行カバンのように大きなバッグをかごに入れ、いくつもの図書館を母と自転車で巡る時間は、小さな冒険のようだった。

あるとき、珍しく仕事から早く帰ってきた父に、母に代わって絵本を読んでもらおうとしたことがあった。飲食店の店主だった父は、仕入れから店頭での接客、調理までをこなし、帰りはたいてい、夜中だった。この日もきっと疲れていただろう。それでも嫌な顔ひとつせず、私を膝に乗せてくれた。

ところが――なぜか父は、すらすらと文字が読めなかった。大きなひらがなのページでさえ、ひとつの文で何度もつかえる。私は内心、苛々していた。滑《なめ》らかな母の読み聞かせと比べていたからだろう。

「もういい！」

私はしびれを切らして、父の膝から立ち上がった。

「お父さん変だよ。どうしてお父さんはお母さんみたいに読めないの？」

そして思わずこう叫んだ。

「お父さん、日本人じゃないみたい！」

父は少し困った顔をして、静かにただ、笑っていた。あのときの私はまだ、その言葉が父にとってどれほど残酷な響きであるかを知らなかった。

父は戦後の混乱期に困窮家庭で生まれ、出自もあってか、教育を受ける機会が乏しかったらしい――母からそう聞かされたのは、父の死後だ。「日本人」になりきり、生きようとしてきたことも。

複雑に絡み合うルーツへの思いとその狭間で、「あのときなぜあんなことを言い放ってしまったのか」「なぜああいう態度をとってしまったのか」と、私のように〝取り返しのつかなさ〟を抱えて生きている人は決して、少なくないはずだ。私が幼い頃、父に投げつけた「お父さん、日本人じゃないみたい」という言葉は、果たして「知らなかったから」「幼かったから」と考えることをやめていいものなのだろうか。

もしも今、あのときに戻れるのなら……ここまで語り終えたとき、ふいに止めどなく涙が溢れてきた。講演中に泣いたことなど今までになく、自分で自分に驚いてしまった。部屋の片隅では江以子さんも石橋記者も、様子を見守ってくれていた。彼ら彼女たちがそばにいてくれたからこそ、どこか安心し、心の「栓」が緩んでいたのかもしれない。

少しずつ、波立つ心を落ち着かせながら、続けた。

「もしも今、あのときに戻れるなら、喜んで父のたどたどしい読み聞かせに耳を傾けると思います。そして、本当は〝ありがとう〟が一番言いたいはずなのに、きっと何度も〝ごめんね〟と伝えてしまうと思うんです。〝あのとき、あんな言葉をかけてごめんね〟〝最後まで絵本を一緒に読めなくてごめんね〟って。けれども父はもう、この世にはいません。だから〝もしも〟を考えなくていいような生き方を、人の愛し方を、これからしていきたいと思っています」

そこまで話し終えると、私は恐る恐る、配信アプリのチャット欄をのぞいた。こんな私的な話に付き合わせてしまっていいものなのか、終始迷いながら語っていたからだ。ところがチャット欄は、心のこもった感想で溢れていた。感想、というよりも、「自分語り」だった。「私も自分の子どもの幸せを考えて、出自を隠してきた」「私の親も、自分のルーツを話そうとはしなかった」……そんなコメントが後から後から書き込まれる。

「それだけ皆、語る場が限られてきたということなのかもしれませんね……」

自身も在日コリアンである主催側の金朋央《きむぷんあん》さんが、感じ入るようにつぶやいた。

この日、今度は新大久保で朝鮮料理を囲みながら、一人一人、講演の感想を伝えてくれた。江以子さんが少し、声を詰まらせながら語りだす。

「私の父も……字の読めない人でした。だから私が本を読む度に、〝うちの娘は天才だ〟って、本代をいくらでもくれました。今夜は菜津紀さんの話を聴きながら、久しぶりにそんな父の様子を思い出すことができました」

こうして、父について語ることで、人とつながり、そしてその人自身の体験にも触れることができる——。まるで、亡くなってもなお、父が私を導いてくれているようだった。

社会保障制度の「外側」で生きた人々

そろそろ厚手のコートが必要な季節かもしれない。ひんやりとした空気はすでに、冬の気配を宿していた。二〇二〇年一一月、私は再び、京都駅の南側、東九条の住宅街を歩いていた。

この日訪れた京都コリアン生活センター「エルファ」は、在日コリアンの高齢者の大切な拠点だ。一世、二世だけではなく、八〇年代以降に渡ってきたニューカマーのハルモニ（おばあさん）たちも新しい「一世」として加わり、四〇人ほどがここでデイサービスを利用していた。一階の玄関前には窓の大きなカフェがあり、特にビビンバが美味しいと定評がある。その奥が、利用者たちの集う部屋となっていた。

ドアを開けると、一〇人ほどのハルモニ、ハラボジ（おじいさん）たちが席につき、カラオケ大会の真っ最中だった。感染対策の透明なパーテーションに区切られたテーブルで、皆夢中になって故郷の民謡を歌いあげていく。思わず立ち上がって踊りだすハルモニの横で、チャンゴ（朝鮮半島の伝統的な打楽器）の軽快な響きが、その音頭をとる。スタッフたちの会話は、朝鮮語に時折、日本語も混じり、複数の言葉が自然と交わされる空間だった。

「アンニョンハシムニカ」と、少しぎこちなく、ハルモニたちに挨拶をする。朝鮮語を学んでこなかった私は、こうした簡単な挨拶さえ、自分の発音に自信がない。

なんと名乗ればいいだろう、私には日本名しかない……。そんな私の迷いをよそに、ハルモニの一人が身の上話をはじめた。

「私は済州島の出身でね、八人きょうだいで五番目、女だったから学校に行かせてもらえなくってね」と堰《せき》を切ったように語り出す。ここにいる誰しもが、苦難の時代を知る「歴史の証人」だった。

部屋を後にするとき、一〇三歳だというハルモニが、「まあ、お茶も出さないでねえ、ごめんなさいねえ」と、杖もつかず歩いて玄関先まで見送ってくれた。「自分の家のように思っているのよね」と、事務局長の南珣賢《なむすんひょん》さんがほほ笑む。「コマッスムニダ（ありがとうございます）」と言いながら握手を交わす。長い年月の刻まれたその手は、温かく、柔らかかった。

「今はここに住んでない在日の人でも、一度は東九条に足を踏み入れたことがあるっていう人が多いんですよ。来れば助け合えますしね」と、南さんはこの地の歩みを語る。エルファの成り立ちにも、東九条で生き抜いてきた一世たちの歴史が、深く関わっていた。

一九五二年に発効したサンフランシスコ講和条約により、朝鮮半島出身者は日本国籍を剥奪されたが、これには前段がある。一九四七年五月二日に外国人登録令が、翌五月三日には日本国憲法が施行され、この時点で在日コリアンたちはすでに「外国人」扱いされていた。法の下の平等などを定めた憲法の「国民」から除外されたことにより、様々な日本の社会保障制度からはじき出されていく。

日本政府は長らく「在日外国人」を国民年金制度の対象外としてきた。国民年金法が制定された一九五九年当時、日本政府が把握していた「外国籍者」のうち、九割以上は在日コリアンだ。日本の植民地支配や戦争に翻弄され続けてきた人々に対し、その責任と向き合うどころか、むしろ生きる権利を蔑ろにするような扱いを続けてきたことになる。難民条約批准に伴い、制度における「国籍条項」が一九八二年に撤廃されてもなお、法的措置からこぼれ落ち、無年金のまま放置されてしまった障害者、高齢者たちがいる。

その後、日本で介護保険制度が始まったのは二〇〇〇年のことだった。

「この制度が国籍条項なしにスタートしたのは、本当は当たり前のはずのことでも、私たちに

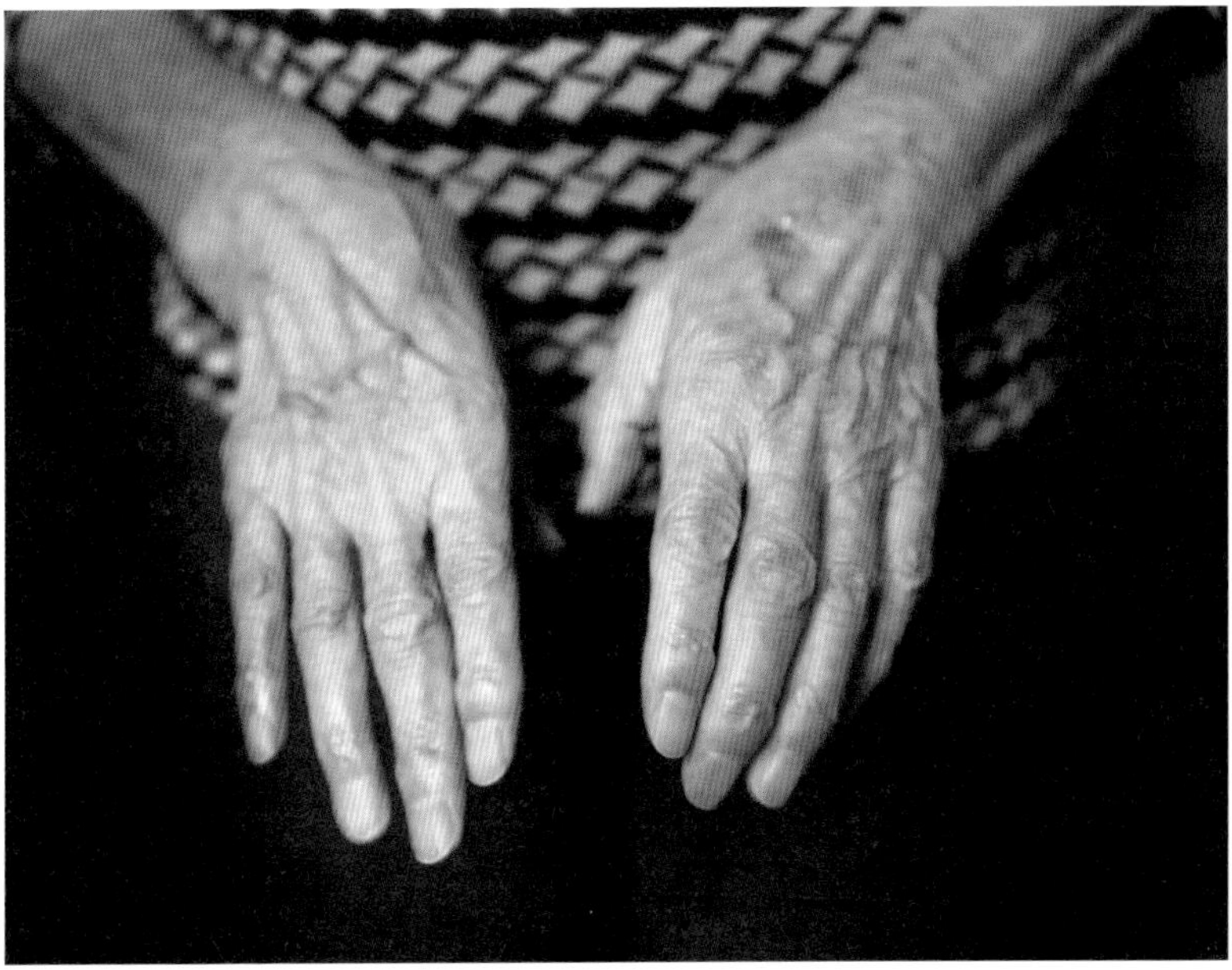

103歳だというハルモニの手

とっては画期的だったんですよね。でも、社会保障制度の外でずっと生きてきた高齢者たちに、今さら制度が利用できるって言ってもなかなか信じてもらえなかったんです。まずは知ってもらおうって、二世たちが一軒一軒回って説明していきました。でも、一世の人たちは〝お前たちだまされてる〟〝使えるはずはない〟〝あれは日本人のものやから〟って言い切るんです」

一世とそれより若い世代とでは、家庭内でのカルチャーや母語も違い、意思の疎通が難しいこともあるという。とりわけ認知症になると、後から学んだことを忘れてしまい、日本語でのコミュニケーションがとれなくなってしまう場合もある。

「自分の親が具合悪そうでも、どこがどう痛いのか、病院の何科に連れて行けばいいのか分からない。一世たちにとっても、自分の家族に理解されないのはつらいことですよね」

問題は言語だけに留まらない。

「家族が日本人と結婚していると、一世の方たちは自分という民族性の濃い存在を、家族のために隠したがったり、遠慮があったりするんです。せっかく制度ができても利用せず、自分で生きていくことが自分を守ることだと思っている人もいます」

エルファでは高齢者の通院に同行する活動も行っている。病状などの医療的なことを単に取り次ぐのではなく、その人の性格や理解度に合わせて医師の言葉をかみくだいて伝え、また高齢者本人が置かれている状況も、病院や家族に伝える。こうしてエルファは間に立ち、それぞれをつなぐ役割を果たしてきた。

介護保険制度はとにかく、ハンコを押す機会が多く、ヘルパーが来るごと、弁当の配達を受けるごとに、押捺を求められた。

あるとき、一人暮らしの男性が、弁当の配達が来ても「帰れ！」とどうしても受け付けないことがあった。スタッフが駆けつけてみると、ハンコを押すことに強い拒否感を示していたという。

「その人は朝鮮半島にいたとき、農家でした。植民地時代、すべて日本語で書いてある書類が届き、ハンコを押せと言われて押したところ、土地を丸ごと奪われてしまったんだそうです。その後、日本の炭鉱をたらいまわしにされて、家族とも生き別れになってしまいました。字も読めないので、その書類に何が書いてあるのか分からなければ、押せないですよね。〝ハンコは人生をめちゃくちゃにするんだ〟と訴えていました。でも、そういう事情を分からない人は、〝ハンコに神経質なおじいさん〟、というレッテルを貼ってしまいますよね」（現在では見直しが行われ、制度を利用する中での押印は原則不要となっている。）

こうした「誤解」を受けがちな場面は他にもある。

「例えばデイサービスで習字の時間に、〝用事思い出したから帰る！〟となったおじいちゃんがいたとしますよね。事情を知らないと〝また帰宅願望が始まった〟としか思わないかもしれませんが、背景を知っていると、〝ああ、このおじいちゃん字が書けないのかな、それでここから逃げ出したいのかな〟、と想像しますよね。決して差別しているつもりがなかったとしても、誰でも字が書けると思い込んでいると、書けない人が孤立してしまうんです」

「なんで引き下がらなきゃならないんだ」

二〇一〇年一二月、在特会らは朝鮮学校襲撃にあきたらず、今度はエルファまで迫ろうとしていた。ここに、無年金となった在日コリアンの高齢者、障害者が原告となった訴訟の事務局も置かれていたからだ。カウンターとして集った、差別に反対する市民の力でぎりぎり堰き止めはしたものの、角を曲がればエルファは目の前というところまで、彼らは旭日旗を掲げ、拡声器で叫びながら〝行進〟を続けた。

元々この襲撃が予告されていたのは午後三時だった。予定通りであれば、利用者たちの送迎時間にぶつかってしまう。

「あの人たちの、あの言葉を浴びせてしまうのかと思うと心配で、休みにしようかとも考えたんです。でも事情を話すと、〝なんで私たちが逃げなきゃいけないんだ〟と利用者のハルモニたちが言うんですよね。〝悪いことしてるのはどっちなんだ〟〝悪いことしてないのになんで引き下がらなきゃならないんだ〟〝一歩引き下がってみろ、二歩三歩とずっと引き下がらなあかんようになるで〟って」

それは、南さんの心にもずしんと響いた。〝ずっと引き下がらなあかんようになるで〟という言葉は、彼女たちが強いられてきたこれまでの歴史を物語っているようだった。念のため、心臓疾患のある利用者は早めの送迎を手配した上で、この日もいつも通り運営することを決めた。襲撃が予告されていた当日、エルファ一階のカフェは、各地から集まったカウンターの人々、二〇〇人以上で埋めつくされていた。

「それを見た利用者さんたちが、〝ほら見ろ、在特会様様じゃ。こうやって新しい人とつながったんじゃ〟って言うんです。〝こうやって頑張ったから仲間ができんねん〟って。私たちはああいうものを、なるべく〝避けよう〟〝交わらないように〟と思ってしまったけれど、利用者さんたちはそうじゃなかったんですよね。その前向きさに、この日運営してよかったって思えました」

エルファには、京都朝鮮第一初級学校の生徒のオモニ（お母さん）たちも集っていた。この日はちょうど、学校襲撃事件の民事訴訟を行うと決めた日でもあった。「もうどうしたらええねん」と泣くオモニたちを、ハルモニたちが背中をさすりながら「大丈夫、大丈夫」と温かく励まし続けたという。

エルファに通う高齢者の中でも、とりわけ女性たちは、小さな頃から物売りの仕事をしたり、住み込みで家事手伝いとして働いたりと、学ぶ機会を奪われてきた人たちが多い。

「訪問に来た制服姿の中学生を、〝ええなあ、ほんまにええなあ〟と心底羨ましがる。でもそういう言葉に触れた子どもたちは、当たり前だった学校に通うということを、客観的に見てくれたりするんですよね」

利用者たち自身にとっても、こうしたひと時が支えになってきたと南さんは語る。

「自分自身のために生きることがかなわなかった人たちなので、〝皆に迷惑かける〟〝早く死んで皆の迷惑にならないようにしなきゃ〟って考えてしまう人も少なくない。そんな利用者さんたちが、外から訪ねてきてくれる人たちの存在で、〝こんな私でも役に立てている〟〝もっと生きたい〟と思えるようなんです」

長引くコロナ禍で、まずは利用者たちを感染させまいと、スタッフたちも日々緊張しながら仕事に臨んでいた。以前のような交流が途絶えてしまったことにもどかしさを募らせつつ、再び多くの来訪者たちを迎えられる日を心待ちにしているという。

この日の最後に、エルファのスタッフたちが「アボジ（お父さん）たちのことが分かるといいね」と送り出してくれた。不思議な感覚だった。私は父のことを「アボジ」と呼んだことがない。そういえば、心の中でさえ、祖父母を「ハラボジ」「ハルモニ」と呼んだこともなかった。

第４章　残された手がかりをつなぎ合わせて

神戸、土地の記憶と祖母の足跡

よく晴れた、けれども風の冷たい午後だった。道端の落ち葉がカサカサと舞う音が妙に心地よい。早足で家に戻りポストをあけると、無造作に投げ込まれたチラシの間に、細長い茶封筒がはさまっている。手に取ると、紙が数枚折りたたまれているだろう厚みがあった。送り主は入管だった。その瞬間、確信した。「祖母はもう、この世にはいないのだ」、と。

外国人登録原票がすんなりと交付された父や祖父とは対照的に、祖母はどの書類をめくっても、「金玉子《きむおっちゃ》」という名前しか記されていなかった。

ありったけの記録をかき集める中で、父の出生届に祖母の生年月日を見つけたときは、ようやく一筋の光をつかんだようだった。これで祖母の原票の交付がかなうかもしれない。分かる限りの家族の情報を、細かな字で目いっぱい申請書に書き込み、私は入管からの返答を待った。それからの日々、午後になると原稿を書く手を休め、ポストに郵便が配達される音に耳をすました。

その一方で、複雑な思いもよぎる。祖母が生きていれば、九三歳のはずだ。けれども私がとった手続きは、父や祖父と同様に、「死亡した外国人」の原票を請求するものだった。書類が私の手元に届いた、ということは、祖母の原票がすでに「死亡した外国人」として扱われていることを意味していた。

封を切り、折りたたまれた紙をそっと開くと、深い陰影のモノクロ写真が目に留まった。思わず「はじめまして」と心の中で語りかける。書類越しとはいえ、これが祖母と最初に「出会った」瞬間だった。

祖母は今の私よりも若く、三二歳でこの世を去っていた。

一九三八年、一一歳のときに、本籍のある釜山から山口県下関市に渡ってきたようだ。記録されている一三年間のうちに、京都や大阪、名古屋などを転々とし、やがて父や祖父からも離れ、最後の住所は神戸となっていた。同じ神戸市内でも、何度か転居が続いたらしい。そのうちのひとつである雲井通周辺は、戦後、取り締まりや移転が繰り返されてきた「闇市」があった場所だ。

祖母の原票が交付されてからすぐに、私はその一帯を歩いてみた。小さなバラックがひしめき合っていただろう三宮駅周辺も、今は大型商業施設やビジネスホテルが大半を占める。当時の面影は皆無といっていい。それでも、祖母がここで呼吸していたのだと考えただけで、雑踏の中で心の奥がじわりと温かくなる。

この神戸市内をじっくり案内してくれたのは、知人を介して知り合った張守基《ちゃんすぎ》さんだった。「元祖平壌冷麺屋本店」の四代目で、大の読書家でもある。この日のために何冊もの資料を読み込み、地元のことをさらに深く調べてくれていた。

「元祖平壌冷麺屋」は、一九三九年に張さんの曾祖父母が開いた日本初の専門店だ。店舗を構える長田は、ケミカルシューズ製造に携わる労働者をはじめ、朝鮮半島出身者が集う地域だった。

地下鉄の新長田駅から階段を上がっていくと、食欲をそそるタレの香りがどこからか漂ってくる。キムチなどを売る食材店を通り過ぎ、ひときわ明るい店の灯《あか》りを目指す。扉を開けると、活気あふれる店内の厨房から、守基さん、父、祖母の三代で出迎えてくれた。この日は昼間、外に行列ができるほど大忙しだったようだ。

「誰が作った冷麺なのか、食べればすぐ分かるんですよ。その人のくせが出るから」と張さんの祖母、金栄善《きむよんそん》さんは朗《ほが》らかに語る。麺は一食一食、必ず注文を受けてから打ちはじめ、熱湯を注いでこねる。この繊細な加減に、個性が出るのだろう。水キムチのつゆと肉の出汁を合わせた半透明のスープは、歩き疲れた体に染み渡るさわやかな風味だ。焼肉を頬張った後も、冷麺の「大」がするっとお腹に入ってしまうほど食感も優しい。

栄善さんは一九三〇年、山口県宇部市に生まれた。一九二七年生まれの私の祖母と、ほぼ同じ時代を生きてきている。父は炭鉱で石炭をほり、現場は徴用で朝鮮半島出身者が増えていった。

「炭鉱では肉体労働でしょ。父親が体調を崩して休もうとすると、役所に呼び出されて、防火用水に頭を突っ込まれたりしましたね。おばさんたちがチョゴリを着て歩いていると、憲兵にハサミで切られたこともありましたよ。〝着たらあかん！〟って。そういう時代でしたね」

戦時中、宇部も激しい空襲に見舞われた。烈火をかいくぐって海へと逃げ、岸壁にはりつきながら爆撃機が去るのを待った。食べる物にも事欠くと、トウモロコシの粉を水でといて飢えをしのいだ。

日本が敗戦を迎えた直後、ヤミ米を売りに行く人に付いて、焼け野原となった神戸を訪れた。

「汽車は復員する人でいっぱいで、山口からずっとデッキに立ってたんですよ。あのときは機関車やから、朝、神戸についたら煙のすすで体中が真っ黒になってましたね」

日本の街々は少しずつ復興へと向かっていたが、朝鮮半島では一九五〇年に戦争が起きる。父親の妹たちとは音信が途絶え、今もその消息は分かっていない。

栄善さんはその一九五〇年、結婚を機に神戸で暮らし始めた。夫の両親がはじめた冷麺屋は、戦争でしばらく休業を余儀なくされていた。栄善さんが加わったこともあり再開に踏み切ると、多くの労働者たちのよりどころとなっていった。

栄善さんの両親も義理の父母も皆、平壌《ピョンヤン》の出身だ。在日コリアンの多くは、今でいう韓国側にルーツがあり、北側の出身者はごく少ない。

「平壌ではお祝い事があると冷麺屋に行くそうですよ。お誕生日には大同江《テドンガン》（朝鮮半島の北西部を流れる河）のように長い麺を、長生きするためにって子どもに食べさせる」

その麺は今でこそ機械の助けを借りているものの、当時は体重をいっぱいにかけ、人力で押し出していた。

店の仕事に、子育てに、と多忙な日々を送ってきた栄善さんは、子どもたちが大きくなった頃、地域の「かな覚え」教室で朝鮮語の読み書きを学ぶようになった。

「とにかく生まれたときから日本の教育ばっかりだったでしょ。校庭で皆で軍歌を歌って、そ

左から2人目が栄善さん、3人目が守基さん

の学校も途中からは戦争で勉強どころではなくなっていきましたからね。でも朝鮮語、読まれんかったら苦しいでしょ」

今度は英語も勉強したいんですよ、と和やかに笑う。

一九九五年一月一七日の早朝、街を突き上げるような激しい揺れが一帯を襲った。

「とにかく寝てたベッドごとぐりぐりとまわる。ああもう死ぬって思いましたね」

阪神淡路大震災で、暮らしていた平屋は屋根瓦がほぼすべて落ち、床も陥没。店も建物ごと傾いてしまった。仮設店舗を経て、ようやく再建がかなうまで、九年もの月日を要したという。

栄善さんは今でも毎日、店頭に立ち続けている。

「姑さんがいっつもね、人間は朝起きて、目的がなかったらだめって言ってましたね。私も朝起きて、ここに来るのが楽しみなんですよ。店におるときが一番楽しい」

この場所は、幾多の試練を乗り越えながら、長年築き上げてきた財産なのだと、栄善さんは目を細めながら語る。

「人間、何があっても食べなあかんしね。この冷麺屋はずっと残していきたいですよ。今では簡単に家で食べられる乾燥麺もあって、こうやって手打ちでやってるところは少ないですからね。お店ができて一〇〇年の年になったら、〝一〇〇周年〟って大きなのぼりを出して、冷麺を目いっぱい振る舞いたいと思ってますよ」

私たちのように足取りが途切れてしまっている家族がいる一方、戦争があっても、震災があっても、こうして営みを受け継いでいる人々がいる。

もちろん、栄善さんと私の祖母は、出身も歩みも違う。それでも、生き抜いてきた長い年月の一端に触れ、祖母の体験も時代とともに少しずつ、立ち現れてくる気がするのだ。単なる原票の文字でしかなかった街の名に、人々の「魂」が吹き込まれていく。都市開発が進み、どんなに風景が「上書き」されても、土地の記憶は人々の中に刻まれている。結局、祖母の手がかり自体は何もつかめなかったものの、私はまたすぐ、神戸に「帰ってくる」気がしていた。

除籍謄本と「死者への手紙」

二〇二〇年一二月三一日、ひときわ冷え込む大晦日の朝だった。目覚める直前の夢の中で、思いがけないことが起きていた。兄がはっきり、くっきりと、そこに姿を現したのだ。これまでも、夢で「再会」したことがなかったわけではないが、顔がぼんやりとしか見えなかったり、ほんの一瞬言葉を交わすだけに留まっていた。

夢の記憶は、私たち兄妹が車の中にいる場面から始まっていた。兄は運転席、私は助手席、そして後ろの席に妹が座っている。車を道端に止め、兄は上半身を妹の方に向けていた。家族の中で辛かったこと、結婚した大切な人のこと、ずいぶんと時間をかけて話してくれた。兄の顔さえほとんど知らない妹に向き合ってくれたのが、何よりも嬉しいことだった。

夢から覚め、まだ「二度寝」できる時間ではあったものの、兄の語っていたことを一言も忘れたくなかった。床の冷たさも忘れて裸足のまま飛び起きると、手帳に彼の言葉を書き留め続けた。亡くなってからすでに、一八年近くが経とうとしていた。なぜ今日、この夢を見たのだろう、と考えたとき、前日のことがすぐに浮かんだ。その日、私は「死者」に手紙を出したのだ。

秋口、私は東京・港区にある韓国領事館に、繰り返し足を運んでいた。書類の記載上「韓国籍」となっている、祖父母と父の「除籍謄本」を手に入れるためだった。日本の支配を受けた台湾や韓国では、その後も人を「管理」するための戸籍制度が残っていた。韓国はその制度を二〇〇七年に廃止したが、古い記録は残っているはずだった。

灰色の壁に囲まれた待合室には、テレビの音が小さく響き、やや早口の韓国語がかすかに聞こえてくる。窓際から離れた薄暗い席は、携帯の電波もほとんど届かない。

年代問わず、ここは様々な事情を抱えた人が集うようだ。

隣に座った若いカップルは、話しぶりから在日コリアンの男性と日本人女性のようだった。「ねえねえ、〝通名《つうめい》〟って結局なんなの?」「うーん、まあ、〝芸名〟みたいなもんかなあ」とスマホをいじりながら男性はけだるそうに答えた。

やがて私の前の番号札だった初老の男女が、互いを支え合うようにして窓口に向かった。ほどなくして、男性の声のボルテージが上がりはじめる。「出生が届けられてない?」「え、名前の漢字が違う?」――日本語で怒鳴るように話す男性を、まあまあ、と女性がなだめながら、韓国語で何かを補足する。こうして皆、何かしらの「齟齬《そご》」を前に、立ちすくんだり、もがいたりしていた。かくいう私も、その障壁に突き当たる。

窓口での手続きは、上手くいかないことばかりだった。とりわけ祖母に関しては、あまりに情報が少なく、そして古すぎるようだった。日本の登録原票に記録されていた住所が「今は使われていないもの。今でいう釜山のどこか分からない」という理由で、交付申請書類を突き返されてしまった。「今でいうどこに当たるかは、公的機関である皆さんに調べてもらわないと分からない」と伝えても、取りつく島もなかった。

なんとか大まかな住所を割り出して再提出すると、「電子化されている戸籍を調べると、同じエリアに住んでいる同姓同名の候補が多すぎる。電子化されていない場合は〝戸主〟が分からないと……」と、また次の壁に阻まれる。大切な物だからこそ苛立ちも募るが、そのやるせなさをなんとか奥底に抑え込む。

窓口のアクリル板脇に目をやると、「職員に暴力的な言動をしないように」、という注意書きが貼られていた。あの日声を荒げていた男性と同じ振る舞いをしてしまう人が、少なからずいるのだろう。

その後のやりとりでも、「通名とこちらに登録されている名前が違う」「誕生日が複数ある」といった指摘を度々受けた。昔の記録は今ほど厳格ではなく、誕生日が書類によってばらばらであることも珍しくない。字の読み書きができず、代筆を頼んだ誰かが間違って記入した可能性もあるだろう。祖父、父は生まれ年さえずれているものもあった。その「ズレ」をなんとか、自力で埋めなければならない。足りない書類を取りに行くためだけに、再び京都まで出向くこともあれば、開館時間を過ぎ、静まり返った領事館の待合室で、延々とコピーをとり続けたこともあった。それでも、得られる成果は少なかった。

一方で、新たに分かったことがあった。

まずは父だ。窓口の女性がほほ笑みながらも、申し訳なさそうにこう告げる。

「記載されている住所と名前、生年月日で調べましたが、お父様の登録はありませんでした」

「登録が……ない？」

「ええ、在日の人たちの間では、よくあることみたいですね」

外国人登録証にも、日本の戸籍にも「韓国籍」と記載されているにもかかわらず、韓国側になぜ、父の記録が存在しないのだろう……？

混乱してすぐ、中村一成さんに連絡した。

在日コリアンの中には、日本の書類上で「韓国籍」という表記になっていながら、韓国側に正式な届けが出されていないケースもあるのだそうだ。つまり父は、事実上の「無国籍」状態だったことになる。私が生まれた後、父が日本国籍を取得する際、余計に時間がかかったのもこのためだったようだ。

「朝鮮籍」から「韓国籍」に切り替えたのは、どうやら父が一〇代の頃らしい。制度と制度の狭間で、何かしらの手違いがあったのかもしれない。

母に連絡すると、「無国籍状態なのは知ってた」と短く返事があった。「私にはそれ以上、何も教えてくれなかった」と、母は少し、寂しそうだった。紙の上でしか知りえない父の「横顔」があることに、母自身も単純には言い尽くせない思いを抱いているようだった。

そして、祖父だ。その日、担当の女性はいつになく和やかだった。

「お待たせしました、残っているのはこれですね。結婚していたことや、子どもがいたことは、どうやらこちらには届けられていなかったようです」

渡された紙の束にやけに厚みがある。めくっていくと、なんと、知らない親戚が一三人も同じ戸籍に記載されていた。一番若い親戚は、まだ高校生ほどの年齢だ。祖父はどうやら、祖父にとって甥にあたる人の籍に入ったままになっていたようだ。細々《こまごま》と積み上げてきた作業がついに報われたようで、高揚感を抑えきれないまま階段を駆け下りる。窓口で言われた通り、祖父の欄に父や祖母の名前はなく、他の親戚と比べてほぼ「空っぽ」だった。それでも、これまでにない「突破口」をつかめたかもしれない。

知人に訳してもらったこの除籍謄本を読み込んでいくと、一三人それぞれに、本籍地と生まれた場所の住所が記載されていた。手紙を出せば、一三人のうちの誰かには届くかもしれない。ただ、突然日本から知らない「親戚」の手紙が来れば、当然困惑するだろう。実際に、同様の旅をした友人が、相手の警戒を解くのに苦労したと語ってくれたことがある。「お前は誰だ？　突然なぜ親戚を名乗って日本からやってきた？　財産目当てか？」と疑われてしまったのだ。小さく心を弾ませながらも慎重に、私は文面を考えた。

手紙を出すまで、ソウル郊外に住む 曺 美樹《ちょうみす》さんが、メッセージとビデオ通話でやりとりをしながらアドバイスをくれた。美樹さんは東京で生まれ、中学校まで朝鮮学校に通っていた。その後、日本で国際交流ＮＧＯのスタッフとして働き、二〇一四年から韓国で暮らしている。今はニュースの翻訳や、日韓の市民社会をつなぐ交流、平和教育に関する活動に携わっている。

「今昼間なのに、ソウルはマイナス八度だよ。コロナで移動も自由にできないしね……」

画面ごしの美樹さんは、在宅ワークに少し疲れ気味の様子だったが、手紙の内容を一緒に考え、韓国語訳まで手伝ってくれた。

除籍謄本の記載には、現存しない地名がいくつもあり、わずかでも届く可能性のある住所に絞り込む。「韓国ではすぐ引っ越すし、可能性は低いと思うけれど、とにかくやってみよう」と、美樹さんは背中を押してくれた。

私は親戚たちだけではなく、祖父の住所宛にも手紙を書いた。祖父は亡くなっていても、親族の誰かが受け取ってくれる可能性がゼロではない、という助言をもらったからだ。すでにこの世にいない人に手紙を出すのは、不思議な気分だった。

金命坤さんの親戚の皆さんへ

はじめまして。突然こうした手紙が届き、驚かれたかと思います。私は日本・東京に暮らす安田菜津紀といいます。三三歳の女性です。フォトジャーナリストとして仕事をしたり、テレビ・ラジオのコメンテーターとして活動したりしています。

実は、私が一三歳のとき父が亡くなり、その後になって初めて、父の家族が八〇年近く前、日本の植民地時代に朝鮮半島から渡ってきた、在日コリアンだということを知りました。以来、自分の家族のことを知りたい、自分のルーツについて知りたい、と願ってきました。それが全く分からないうちは、心の中にぽっかりと空白ができてしまったような感覚でした。

今年になってようやく、家族の古い書類が見つかり、韓国領事館に除籍謄本を取りに行ったところ、祖父・金命坤の入っている戸籍に、皆さんのお名前と生まれた住所が記載されていました。祖父は、甥にあたる金龍九さんの戸籍に入ったままだったようです。皆さんのように遠い親戚がいると知れたときの喜びは、今でも言葉にならないほど大きなものでした。

急にこうして手紙をお送りし、戸惑わせてしまったことをお許し下さい。もしも可能であれば、コロナの状況が落ち着いた頃に、祖父の故郷や皆さんの元を訪ねてみたいと思っています。よろしければ、手紙やメールなどで、お返事を頂けたらとても嬉しいです。

安田菜津紀

宛名をハングルで書くために、私は市販の本を片手に付け焼刃で読み書きを学んだ。不慣れな文字を間違えないよう、一字一字、声に出しながら、見ず知らずの親戚の名を綴っていく。祖父の書類のコピーも同封し、私は厚みのある一三の封筒を携え、ポストへと走った。赤い箱の差込口はすでに、「年賀状」と「その他郵便物」に分けられていた。祈るような気持ちで望みを託し、ひとつひとつをそっと投函する。断絶していた家族の縁を、果たしてどこまでつなぎ合わせることができるだろうか。私は少なからず、期待を膨らませていた。

けれども現実は、ドラマのように小気味よく展開したりはしない。数カ月後、宛先不明のまま、すべての手紙が私の元に舞い戻った。封筒の表面には手書きの文字で、近い住所や名前を探った跡がいくつも残されていた。この手紙を片手に、郵便局員たちが古い地図を調べたり、周辺を歩き回ってくれたのだろう。感謝を抱きつつも、心は急速にしぼんでいく。こうして旅は再び、暗礁に乗り上げた。

「たっちゃん」

タクシーの背もたれに深々と体を沈め、私は所在なげに通り過ぎる風景を眺めていた。二〇二一年春、一年前とほぼ変わらず、コロナ禍が街を覆っていた。

この日の朝に出演した報道番組では、人の生き死にに関わるニュースがいつにも増して多かった。何をどう形容して、言葉を紡ぐべきなのか、繊細な判断が求められる。番組に出るようになり何年経っても、コメントするその瞬間まで迷う。だからこそ本番が終わると、どっぷりと疲れが全身を襲った。

スマホがポケットの中で微かに振動する。ゆっくりとメールを開き、そこに並ぶ文字を追っていくと、さっきまでの眠気が一気に吹き飛んだ。やがてこらえ切れなくなり、運転手に悟られないよう、ゆっくりと鼻をすする。少し歩いて頭を冷やしたくなり、目的地よりもやや手前で車を降りた。目を真っ赤にはらした私を、道向かいで信号待ちをする小さな女の子が心配そうに見つめていた。

メールにはこうあった。

安田菜津紀様

私、テレビ制作会社ドキュメンタリージャパンのディレクター、木村と申します。

この度メールさせていただいたのは、先日のコラム「国籍と遺書、兄への手紙」を拝読させて頂いたことにあります。

実は私、お兄様、達也くん（「たっちゃん」と呼んでいました）と小学校時代に同級でして、二〇年ぶりにたっちゃんが我々の前に現れました。（クラスの仲間にも知らせました）

スポーツが得意にもかかわらず、水泳だけは苦手だったたっちゃん。一緒に女子と決闘したり、先生からの理不尽な説教にも歯向かっていった、たっちゃんの姿や思い出は忘れられません。

しかしながらたっちゃんの出生に関しては全く知りませんでした。もちろん、安田さんが妹であることも。

あのコラムの写真、安田さんを抱いたたっちゃんの視線が、四六歳の私を見つめているようで、たっちゃんの眼差しが水の波紋のように、何かを投げかけてくれました。

再会のきっかけを作ってくれ、ありがとうございました。

木村直人

同級生の輪の中で

「このへんはほんと変わってない。達也少年が見ていた光景と変わってないよ」
「あそこのプール、三メートル泳げたら進級だったんだよね。でもたっちゃん、その進級にほんと苦労してたなあ」

静かな雨が霧のように注ぐ夕方、校庭脇に並ぶ木々は、湿った夏の匂いをまとっていた。私は木村さんや同級生たちと共に、兄たちが通った小学校の校門に立っていた。集まってくれた三人は楽し気に、この学校に詰まった思い出を語り合う。小雨に揺れるプールの水面から、足をぎこちなくばたつかせる、幼い兄の姿が一瞬、浮かんだような気がした。

驚くことに同級生たちは、卒業してから何十年経っても、こうして時折集まっては、近況を報告し合っているのだという。学校周辺を散策した後、皆が行きつけの居酒屋に入ると、また懐か

小学校の卒業式の日の父と兄

しそうに兄のことを語りはじめた。

「お前たちもう給食食うな！　みたいなことを言いながら担任の先生がクラス全員を怒ったことがあったんだけど、そういう態度が許せなかったんだと思うんだよね。実際に給食の時間になって食べなかったのは、たっちゃんともう一人だけ。殴られてたなぁ」

「最後に会ったとき、本当に久しぶりの再会で、遅くまで飲んだな。ずいぶんゲッソリとやせて顔色もよくなかったけど、初めて店長任されて、仕事は楽しいって言ってた」

「でも、後輩から相談持ちかけられれば朝まで一緒に飲んだり、忙しそうではあったよね」

兄と「決闘した」らしい女性は、恥ずかしがることなく当時の「思い」を教えてくれた。

「私ね、はっきり伝えたことあったんだよ。たっちゃんのこと好きだったって」

兄が初恋の相手だったという彼女は、ありありと、私の知らない兄の人柄を語った。

「いつもね、自分のことはほとんど話さなくて、とにかく人のことばっかり気にかける人だった。そういうところ、尊敬してたな」

実は同級生たち何人かは、私に「会った」ことがあるという。

「たっちゃん家《ち》に遊びにいったとき、そうっと赤ちゃんだった菜津紀さんが寝てる部屋をのぞきにいって、顔を見たことがあったんだよ」

「妹が生まれたことね、とっても嬉しそうだった。その後も、あの子は賢いって自慢してた」

不意を突かれたような気がして、動揺を悟られないよう、思わず下を向く。

父が私の母と結婚し、私が生まれ、兄はほどなくして一人暮らしをはじめている。私は兄の居場所を、私が生まれたことで奪ってしまったとばかり思っていた。

仕事のこと、家族のこと、この日来られなかった旧友たちのことを語らい、お酒も進んできた頃、一人がまたしみじみと、兄のことを振り返った。

「全然バックグラウンドのことなんか知らなかったなあ。告別式のとき、なんだかたっちゃん、穏やかな顔だったんだよね。で、感情が揺さぶられるとか、こみあげてくるっていう感覚じゃないのに、なんか、涙があふれてきて。ほんと、嗚咽《おえつ》するくらい」

私がまだ小学生だったときに、兄は仕事先で知り合った女性と結婚していた。式を挙げたわけでもなく、私はその人に会ったことさえなかった。同級生の輪の中でももう、彼女と連絡をとっている人はいない。喪主を務めた姿を見たのが最後だという。

ふと、隣に座っていた女性がじっと、私の手元を見ていることに気がつく。

「菜津紀さんも左利きなんだなって。たっちゃんもそうだったもんね。なんだか懐かしくて。あと、トマトが嫌いなのも一緒」

いたずらっぽく笑いながら、彼女は続ける。

「私もね、たっちゃんが初恋の人だったんだよ」

同級生たちの言葉のひとつひとつに、兄の生きた軌跡が宿る。好きだったもの、苦手だったもの、何気ないしぐさ、こうした「小さなこと」のすべてが、兄の命なのだった。

兄への手紙、そのまた続き

兄さんへ

最初の手紙を書いてから、あなたの同級生だった人が連絡をくれました。

小学校時代の「たっちゃん」を今も語り合う人たちの中で、あなたは生き続けているんですね。前の手紙で、「世界中があなたを忘れても」なんて、ずいぶんおこがましいことを書いてしまいました。

そして、同級生たちと出会えて、初めて知ったことがありました。

あなたのお母さんが亡くなったとき、父さんは呆然自失状態だったようですね。道路にふらふら飛び出しそうになり、慌てて同級生の親御さんたちが止めてくれたと聞きました。すい臓がんは見つかりにくいと聞くけれど、あなたにとっても、父さんにとっても、あまりに突然で早すぎる死は、心の整理など簡単にはつかなかったと思います。

私とあなたは母親が違うし、私があとから家族に加わって、あなたに迷惑をかけているんじゃないかって、子どもながらに思ったこともありました。

でも、兄さんはそんな態度、みじんも見せなかったよね。私の小学校最後の運動会には、東京から駆けつけてくれたよね。あのとき応援してくれた記憶は、一生の宝物。

もしもあなたや父さんの死を経験していなかったら、私は「家族ってなんだろう」と深く考えることも、その答えを求めて一六歳のときにカンボジアへ行くこともなかったでしょう。カンボジアに渡航しなければ、今の仕事には就いていないと思う。つまり、今の私のすべてが違っていたはず。

でも、兄さんを亡くした、「その経験のお陰で」とは絶対に言いたくない。それは、あなたが死なずに済んだはずの、背後にある社会の問題を、覆い隠すことになってしまうから。

あなたは高校生のときから一人暮らしだったよね。その後、父さんと母さんが離婚して、父さんがこの世を去って――どんどんあなたとの縁が薄れていくような気がして、心細かった。「どうしてもっと連絡をくれないんだろう」って、ただ一方的に思ってた。そのとき、あなたが置かれていた状況も知らずに。

亡くなるまで、あなたは何カ月も休みなく働き詰めだったんだね。居酒屋の店長さんだったもんね。代わりがいなくても、責任感の強い兄さんはきっと、お店を回さなきゃって、過労状態でも頑張ろうとしたんだよね。

今でも覚えてる。私が中学三年生の冬だったと思う。亡くなる前の最後の電話、受話器越しに、変な感じがした。あなたはなんだか心ここにあらずで、誰に向かって話しているのかよく分からない、ふわふわとした感じだった。

でも、「忙しいのかな」くらいに思って、私、電話切っちゃったよね。まさか、命を奪われるまで追い詰められていたなんて、知らなかった。「大丈夫？」とか、「何か困ってない？」とか、その「もう一言」が、なんで言えなかったんだろう。

私はあのとき中学生だったし、あなたがなぜ亡くなったかを知ったとしても、自分なりに受け止めようとしたと思う。でも、きっと真相を知ったら深く傷つくだろうって、皆気を遣って、言わなかったんだよね。

過労死や過労自殺のことが報じられる度、「あってはならないことだ」って憤ったし、私なりに声をあげてきたつもりだった。でも、全部全部、あなたのことだったんだよね。そしてこのままだと、知らない誰かに明日また、同じことが起きてしまうかもしれない。

あなたが亡くなった後、あなたを最期まで見送ったのも、悲しみをこらえて会社側とやりとりを続けて労災を認定させたのも、あなたのパートナーさんだったんだよね。言葉を尽くせないくらい、感謝してる。私は助けることも、力になることもできなくて、ごめんね。

きっと今でもたくさんの人が、この「ごめんね」を日々感じながら生きているんだと思う。一人の命が奪われるって、こういうことなんだよね。「どうして支えになれなかったんだろう」「もっとできることがあったんじゃないか」、そんな感情を背負ってしまうから、声をあげるのを躊躇してしまうんだと思う。

でも、どうしてこんなにも、声をあげられないんだろう。

この前ネット上で、「過労死や過労自殺は自己責任」という「著名人」の発言が、物凄い勢いで拡散されたことがあった。心がずきずきと痛んだ。きっとこの渦は、声をあげたくてもあげられない人の言葉を、もっと強く封じてしまうと思った。

過労死や自殺は、〝自己責任〟なんて安易なくくりで切り捨てられるようなものではないはずだよね。それしか選択肢が見えなくなるまで、追い込まれてしまった状態だと思う。

兄さんが亡くなってから、社会はどう、変わってきただろう。相変わらず、過労で亡くなる人たちのニュースは続いている。亡くならないまでも、体や心を壊されてしまう人たちは絶えない。

父さん、兄さんが亡くなってから、母さんは朝の新聞配達と、スーパーのパートを掛け持ったりしながら、私たちを育ててくれた。でもあるとき、体調を崩してしまった。親があんなに働き詰めにならなければならないことを、「美談」にしたくない。

新型コロナウイルスの感染が拡大して、今たくさんのお店が苦しんでる。飲食店をやっていた父さんも兄さんも、生きていたらきっと対応に追われて、大変な思いをしていたと思う。

でも、公的な支援はゆっくりゆっくりとしか進まない。働く人を守る仕組みはまだまだ足りていないんだって、改めて突きつけられてしまったと思う。

働くことは、命が尽きるほど身を削ることではないはずだよね。もっといえば、働くことは、生きるための条件ではないよね。働けない状態になったときにも、安心して自分を休められる社会を、これから作っていかなければいけないよね。

時々、思う。なんで、あんなに優しかった兄さんが死んで、私が生きてるんだろうって。でも、これからの私の生き方次第で、誰かの「後悔」をなくすことはできるかもしれない。もうこんなこと、終わりにしなければならないから。せめて、教訓にしなければ、と今は思う。

私たちはチェスの駒ではないよね。経済を回すための歯車でもないよね。血の通った人間の話を、これからもっと、していきたい。

最後に。私がとても支えられている言葉を。自殺対策に携わる人が、ポスターに使った言葉。

「弱かったのは、個人でなく、社会の支えでした」

この言葉をもっと届けたいから、私は生きるね。

京都・鴨川近くで

祖父は拳《こぶし》に何をかけたのか

夏も終わりに差しかかった京都の鴨川は、頬をなでる風にかすかな秋を感じられるようになっていた。二〇二一年九月、新型コロナウイルスの急速な感染拡大は、束の間の落ち着きを見せていた。日が暮れる頃の川べりでは、まばゆい街の光を揺らす水面を眺めながら、缶ビールを片手に談笑する人々の姿が目立つ。

大通りへと続く裏路地には、飲み屋やスナックの派手な看板がひしめく雑居ビルが並んでいる。古い住所と今の地図を照らし合わせれば、祖父が汗を流したボクシングジム、「京都國際拳闘倶楽部」は、この辺りにあるはずだった。

「見つかりましたよ、ハラボジを知ってる人」

ふいにそんな連絡を受けたのは、この夏真っ盛りの頃だった。電話をくれたのは、コリア国際学園の理事長も務めている金淳次《きむすんちゃ》さんだった。「ハラボジ」という言葉を、私は一瞬、飲み込めずにいた。祖父のことを「ハラボジ」と呼んだこともなければ、そもそもどんな人物なのか、ついこの前まで戸籍に残る名前しか知らなかったのだ。

さらに淳次さんは、こう続けた。

「知ってるかな? ハラボジ、プロボクサーだったんだって?」

思いもよらないことに驚き、感謝も十分に伝えられないまま通話を終えてしまった。これまで書類上の「情報」でしかなかった祖父の姿が、ひとりの「人」として浮かび上がってきたのは、このときからだった。途切れていたはずの糸が、ついにつながり始めた。

晩年に近い祖父の外国人登録原票には、栃木県内のパチンコ店、「ニューレイト」や「ビッグ」という名称と、その店の「支配人」だったことが記されていた。ネットで検索してみると、すでにその名の店は「閉店」扱いになっていた。日本にいながらたどれるのはもうこれが限界だろうと思っていた矢先に、栃木で事業を展開している淳次さんからの電話があったのだった。

国道沿いのパチンコ店は、コロナ禍だからか、人もまばらで閑散としていた。いつしか店内のけたたましさと同じかそれ以上に強い雨音が、室外から轟《とどろ》きはじめていた。ぎらぎらと点滅し続ける台と台の間を縫うように、奥へと進む。内外装や店名は違うものの、祖父が働いていた当時と同じ場所だと、淳次さんが教えてくれた。

経営者である福田優哲《まさのり》さんがこの日、私たちを迎えてくれた。福田さん自身は六〇代半ばで、祖父よりずっと年下ではあるものの、生前の姿を記憶に留めている一人だった。原票の祖父の写真を見るなり、「ああ、越路さんね」と、かすかに苦笑いのような表情を浮かべた。「越路」とは、祖父の原票に記載されていた最後の「通名」だった。

「覚えてますよ、こんな感じで相当にインパクトがある感じだったからね」と、福田さんは顎《あご》を引き、射るような視線で私を見た。

「元プロボクサーだからかな、人を見るときもこうやって斜めから睨《にら》むように見てたね。我《が》が強くて、〝はい〟以外の答えを相手に求めない、他人の話が聞けない人だったよ」

同じ朝鮮半島出身者だった福田さんの父を頼り、祖父は一九八〇年頃から数年間、「支配人」を務めていたそうだ。

「靴はヒョウ柄とかトラ柄で、えんじ色のズボンにピンクのジャケットなんかよく着てたね。あの当時、そんな服装してる人なんていないからね。人柄はまあ、この写真の通り。ここに写ってるネクタイも凄い色だったと思うよ」と、福田さんは私が持参した書類を見てにやりと笑った。なんとも強烈な外見だったのだろう。手元の原票に並ぶ祖父のモノクロの写真が、急に色づいて見えたような気がした。

頑なな性格である一方、仕事ぶりは一途《いちず》で熱心だったと福田さんは振り返る。

「朝から夜遅くまで、従業員のシフトはもう二回転くらいしてても、ずっと店にいるんだよね。普通、支配人ってお店開けてからちょっとしたら引っ込んで、途中でもめ事があったら出てきたりする感じだけど、責任感強かったからね。まあ、カウンターの中で寝ちゃうんだけど。あそこでうとうとしてた支配人は、後にも先にも越路さんしか知らないね」

派手な色のシャツを着たまま、コクリ、コクリと小さなカウンターの中でうたた寝をしている祖父を想像する。なんだかおかしくて、福田さんにつられて私も思わず吹き出す。

そんな話をかたわらで黙って聴いていた、淳次さんの会社関係者の男性が、噛みしめるようにこう語った。

「つまり、世間をよく知らないということなんですよ。生きるか死ぬかの世界を越えてきた人だから、他人の意見を聞けなくなる。この業界、昔はヤクザもんにいじめられて、台は蹴っとばされるわ、席は占有されるわで……。あの時代のマネージャーは、ヤクザもんを追い出すのが仕事だったんですよ。越路さんも必然的にそういう役回りをしてきたんでしょう」

福田さんも続ける。

「店や従業員、それから釘の管理が上手くいくか、その手腕が求められてくる。毎日のように喧嘩があったし、誰にでもできる商売じゃなかったね」

自由に職業が選べたわけでもない、何の後ろ盾もないような時代を、祖父なりに生き抜いてきたのだろう。ところがその移ろいは、祖父が思っていたよりも目まぐるしいものだったようだ。祖父が働いていたのはちょうど、パチンコ店にとっての過渡期だった。アナログな台が次々と複雑な機器に入れ替わり、店から響く音は次第に電子音へと変わっていった。

「時代が変わらなければ、マネージャーとしてはいい腕だったんだよ。でも、セブン機っていう新しい機械を導入したとき、越路さんはそれについていけなかったんだよね。辞めてくれって告げたときに、うちの親父につかみかかってたのが、最後に見た姿。すごい勢いで出ていって、その後、どこに行ったのかは分からないね」

よく言えば〝自分できっちり生きていこうとする人〟だった、と福田さんは付け加えた。時世に翻弄されながら生き、その急流に抗えなくなった祖父のもどかしさ、悔しさはどれほどのものだっただろうか。その後、祖父がどのような人生をたどったのかは、誰にも分からないという。

実は当初、「プロボクサー」というのは、祖父がヤクザ相手に自分を大きく、強く見せるために「自称」していただけなのではないかと疑っていた。自分の人生がボクシングと結びつくなど、あまりに予想外だったからかもしれない。そこで私は昔の雑誌を取り寄せたり、古い資料を図書館で閲覧したりしながら、ボクシングの戦後史をたどってみることにした。ボクシングの記録サイトの運営者に連絡をすると、どんな紙面を調べればいいのか、見ず知らずの私に丁寧に教えてくれた。

ネット上で見つけて購入した『ボクシングガゼット』は、ボクシング雑誌というよりも、「冊子」のような薄さだった。B5サイズでわずか一八ページほどしかないが、戦後間もない当時の値段で一冊二五円は高価だっただろう。黄ばんだページをめくっていき、「関西の試合」の欄を見て、思わず飛び上がった。そこには確かに、見覚えのある名前が刻まれていた。それも、「越路」という通名ではなく、「金明根」という本名だ。さらに調べていくと、一九四七年から四八年頃に刊行された号に、祖父の試合結果が複数掲載されていた。会場として記されていた「京都歌舞伎（スケート場）」は現在、松竹が所有する敷地で、当時は米軍が接収していた施設だったようだ。

ピストン堀口ら名だたる選手がまだ活躍していた時代に、祖父は京都市中京区の六角通にあった京都國際拳闘倶楽部に所属していた。記録に残る最後の試合では、六回戦ボクサーとして、二ラウンドＴＫＯ勝ちを収めたようだ。

「〝自称ボクサー〟であんな目や構えにはならないよ」と笑う福田さんの顔が浮かぶ。わずかでも疑いの目を向けたことを、心の中で祖父に詫びた。

同じ頃の新聞を調べた知人からも、祖父がリングにあがる試合の予告記事が送られてきた。恐らくこの時代、公式戦として記録に残っていない催しなども多かったはずだ。幼い頃から大阪・西成に暮らしてきたという年配の在日コリアンの男性が、ふと語ってくれたことがある。

「戦後何年か経った頃、近くの小学校でよく、ボクシングの興行がありました。こっそりその体育館に忍び込んでは、熱狂する大人たちの足元をすり抜けて、試合を見に行ったものです」

祖父たちも一時期、西成に住んでいたはずだ。少年たちが見上げた視線の先に、汗まみれで拳《こぶし》を振るう祖父の姿はあっただろうか。

「原風景」を探して

抜けるような青空に、赤や黄の紅葉がまぶしく浮かぶ、気持ちのいい秋晴れの日――。暖かなグラウンドとは対照的に、地下室は凛《りん》とした冷たい空気に包まれていた。大阪府・東大阪市にある大阪朝鮮中高級学校のボクシング部の練習場は、そんな地下の一角にある。

天井の高い広々とした部屋には、高校には珍しく、公式サイズのリングが構えられている。立派なたずまいの練習部屋は、ここ数年、静けさの中にある。数々の成績を収めてきた伝統あるこの部も、今は部員がおらず、活動休止状態が続いているという。

ここで長年にわたりボクシングを指導してきた梁学哲《りゃんはくちょる》さんが、競技への思いをじっくりと聞かせてくれた。「在日コリアンとボクシングの歴史に詳しい人」を探していたとき、知人たちは皆口をそろえて梁さんの名をあげた。

「解放前、祖国から渡ってきた人たちが、全日本選手権に出場して目覚ましい活躍をしていたことが記録で残っていますよ」

リングサイドに腰かけながら、梁さんは祖父の名の載ったボクシング雑誌を興味深げに眺めていた。梁さんの言葉通り、一九三八年の全日本アマチュア選手権では、全階級で朝鮮の選手が優勝していた。

戦後最初の公式戦に近い試合は、一九四五年一二月、在日本朝鮮人連盟大阪本部が主催となり、西宮球場で行われたものだった。祖父の記録が残る雑誌にも、「玄」「高麗」といった朝鮮ルーツであろう名前のジムが目立つ。

「日本の植民地支配で国を奪われた民としての悔しさから、〝日本の選手に拳では負けたくない〟という気持ちが、先代の方々には強くあったと思います」

日本の敗戦によって「解放」を迎えたとはいえ、当時の混沌の中では、必要な道具をそろえるのも苦労だったはずだ。

「あの頃のグローブなんてものすごく薄くて、その拳ひとつで体を殴り合うことになるわけですよね。ボクシングの本質は〝ど突き合い〟。その本質的な闘いで、絶対に負けられないんだというのが、解放後に奮闘してきた人たちの思いだったでしょう」

ところが戦後のボクシング雑誌を眺めてみても、「本名」を名乗っている朝鮮ルーツの選手はあまり見当たらない。だからこそ本来の名を貫く祖父の記録が、ページの中で余計に浮き立って見える。これだけは引けない、という何かが、祖父の中にはあったのかもしれない。

梁さんは二五年間、大阪朝高に勤め、目覚ましい成長を遂げてきたボクシング部が、やがて全国へと進む前途多難な道のりを、選手たちと共に歩んできた。

「僕が指導した選手たちには、〝拳で日本の選手に負けるな〟と教えたことはありません。朝鮮高級学校のボクサーとして、同じ土俵でチャンピオンを目指しなさい、と教えました。日本の選手たちは敵ではなく、ボクシングを志す仲間であり、同じ社会で生きていくんだと、彼らには伝えてきました」

ただ、と梁さんは続ける。

「同時に、左の拳にはこの学校の選手としての誇り、右の拳には先代たちが守ってきた、在日社会で生きていく誇り、それを込めて闘うんだ、とも教えてきました」

植民地時代を生きた先人たちも、拳ひとつで自尊心をつなぎ、露骨な搾取を耐えたのかもしれない。

梁さんは福岡で生まれ、その後、朝鮮学校の教師だった父親の赴任地である神戸に移った。空手に没頭する高校時代を過ごした後、ボクシングを始めたのは、朝鮮大学校に進学した後だった。

「体が小さかったので、極真空手の道場の先生が勧めてくれたんです。当時の空手と違い、ボクシングは階級ごとに勝負しますし、すっかりその気になってしまって、ボクシング部に入部しました」。

梁さんが朝鮮大学校に入学したのは一九七八年のことだ。その二年前の一九七六年、ボクシング部は関東大学アマチュアボクシング連盟に加盟しており、翌年には関東大学リーグの参加資格も得ていた。

当時、朝鮮大学校の部活の中で、日本の公式戦に出場していたのはボクシング部だけだった。梁さんは関東大学トーナメントのバンタム級で準優勝するなど、選手としての実績を着実に積み上げていった。

そして一九八二年、卒業して最初に国語教師として赴任したのが、当時は千人もの生徒が在籍していた大阪朝鮮高級学校（現・大阪朝鮮中高級学校）だった。着任当初、周囲からの学校の評判は「荒れている」だった。日本の高校生たちと喧嘩も絶えず、今の学校とは似ても似つかない雰囲気だった。

「子どもたちが荒れている、というよりも、そういう時代だったんだと思います。勉強をする子、スポーツに長《た》けている子もいれば、血気盛んな子たちもいる。しんどかったけれど、生徒たちは元気があり、やりがいがあるな、と思っていました」

顧問を務めることになったボクシング部の練習場は、手作りのロープに畳を敷いた、四メートル四方に満たない小さなリングだった。ほとんど部活に来ない生徒もいる一方、懸命に競技に打ち込もうとする選手は、指導者を求めていた。本格的に、彼らを強くしていくための計画がはじまる。生徒たちが学校の周りを駆けていく横で、自身も自転車を走らせる日々を送った。

ところが、選手がいくら力をつけても、練習の積み重ねだけではどうにも越えられない壁があった。各種学校扱いの朝鮮学校は、地区予選を含む公式戦の出場が認められていなかったのだ。一九九〇年四月、大阪高等学校体育連盟（大阪高体連）バレーボール専門部が、大阪府春季大会から朝鮮学校の出場を認める方針を示した。部員たちは歓喜し、大阪朝高の女子バレーボール部は順当に二次予選まで勝ち進んだ。生徒たちはその先の近畿大会、さらに全国大会までを夢見ていた。

ところが後日、そのバレーボール専門部から、副校長に電話が入る。当時を記録した矢野宏氏の著書『在日挑戦』によると、電話の内容はこうだったという。

「出場を認めたのは手続きミス。二次予選に勝っても、それ以後は出場できない」

「対戦表などの印刷物に貴校の名前が出ているから今回は仕方がないが、これ以上、勝ち進まれたら自分らも困る――」

大阪朝鮮高級学校の教室で

ついに願いが届いたとばかり思っていた生徒たちにとって、それはあまりに、酷《こく》な仕打ちだった。

さらに同年の一一月、今度はボクシング部を揺るがす事態が起きる。全日本社会人ボクシング選手権大会大阪府予選を勝ち抜いた選手たちが、「社会人」ではない、という理由で、全国大会への出場を事実上拒否されたのだ。

この大会の参加資格は、一六歳以上で日本アマチュアボクシング連盟に登録している、というものだ。もちろん彼らは、その条件をクリアしていた。

「社会人ではなく高校生なのであれば、なんで高校総体に出られないのか？　選手たちは、社会人でも高校生でもない、私たちは何なんだろう？　となってしまったわけです。同じ日本で学んでいる高校生なのに、何の大会にも出られない、力を発揮する場がなかったんです」

ちなみに選手たちは卒業した後、再び社会人大会に予選から出場し、二人の選手は全日本で準優勝した。大阪朝高在学中にもし、大会出場が阻まれなければ、彼らは目覚ましい成績を収めていたことだろう。

「全国高校総体への道のりは、ボクシング部やバレーボール部だけの問題ではなく、朝鮮学校という民族教育が直面している問題としてとらえていました。でもこのとき、同じ競技に携わる日本の学校の監督、選手たちも応援してくれたんですね。悔しさよりも、一緒にスポーツをする仲間がこれだけ励ましてくれるんだという、心強さが上回っていたと思います」

多くの声の高まりを受け、一九九一年、朝鮮高級学校は大阪高校総体から公式戦に参加する権利を得る。そして一九九四年には、全国高校総体に出場することが認められた。公式の全国大会への道をついに、切り開いたのだ。

ボクシング部の練習場の壁には、選手たちが勝ち取った賞状や、生徒たちの手作りの横断幕がずらりと並ぶ。中級学校から送られたという手縫いの応援旗には、「インターハイ　七年連続出場」「全国高校選抜　二〇〇〇年度優勝」など、華々しい成績が並ぶ。

それから三〇年あまりが経ち、朝鮮学校を巡る環境も大きく変わった。変わった、というよりも、変わってしまった、というべきなのかもしれない。

「公式戦出場を目指していた頃は、生徒数も多く、なんとか世論を動かして、同じ土俵で闘おうという機運が高まっていました。でも、いろんな方が背中を押してくれた当時とは時代が違います。大阪府、大阪市からの補助金が止まり、高校無償化や幼保無償化からも除外されましたよね。民族教育を日本社会で守らなければならないという意味では、まさしく今の方が厳しい状況です」

経済的な苦境に立たされる朝鮮学校は、生徒数も減少の一途をたどっている。先述の通りボクシング部も、リングを使う部員が不在だ。

梁さんは大阪朝高の後、大阪朝鮮第四初級学校の校長を六年間務め、生野朝鮮初級学校へと異動になった。大阪朝高を離れて以来、後輩や同僚、朝鮮大学校時代の仲間から、「もったいない。

週一回でもボクシングを教えて」と声をかけられるようになり、現在は自身で教室を開いている。

「ボクシングの世界では〝走れば勝つ〟と言われるくらい、走り込みが大事」と梁さんは度々語っていた。祖父の所属ジムの住所地と父の生家は、鴨川の土手沿いの道でつながっている。プロの選手が走れば、三〇分もかからないかもしれない。川のせせらぎのかたわら、自宅からジムにたどり着くまで、息をはずませながらロードワークをこなす祖父の姿を思わず想像する。

「在日ボクサーのルーツに、安田さんのハラボジのような先輩がいるんだと思うと、嬉しくなりますよ」と、梁さんは目を細めながら語ってくれた。「先輩」と言われる度に、なんだか私まで、気恥ずかしくなる。祖父がこうして何度も誰かの口から「呼ばれる」ことによって、より深く、より濃く、その命がこの世界に刻まれるように思えた。

最後に、「敗戦間もない頃プロになったということは、ハラボジは祖国でもボクシングをしていたかもしれませんね」という梁さんの言葉が気になった。一四歳で下関に降り立ったとき、祖父はすでに、拳で成り上がっていく決意を固めていたのだろうか。

帰り際、大阪朝高に子どもが通うアボジたちのひとりが、こんなことを語っていた。

「僕もね、自分のアボジが最後に故郷の姿を見たいっていうから、韓国にある本籍の住所に行ったことがあるんですよ。その場所自体はもう更地だったんですが、なんとその隣が、ハラボジの兄弟の家だったんですよね。いやあ、驚きましたね」

現地に行ったら、思わぬ縁がつながるかもしれませんよ、とほほ笑むその人の話を聞きながら、胸が高鳴る。海の向こうへと続くだろうこの旅の先で、祖父母の見てきた原風景は、今を生きる私の目にどう映るのだろう。

しかし、これまでの旅がそうであったように、事は簡単には運ばない。隔離期間も考慮して、二〇二一年一二月から年始にかけての予定を空け、私は渡韓に備えていた。ところが新たに感染が広がりはじめたオミクロン株への警戒から、韓国のビザ自体が下りなくなってしまった。

「簡単にこの海を渡れると思うな」と、祖父母たちに言われているのだろうか。それとも、「安全なときに来るように」というお達しなのだろうか。二人が下関に降り立ったのは、今のように飛行機で軽々と行き来できる時代ではない。冬の海を渡る関釜連絡船は、揺れに揺れたことだろう。

梁さん（左）のボクシング教室で

第5章　ヘイトは止まらない濁流のように

「それ以外の日本人とは別」

二〇二一年一〇月最後の日、東京・赤坂にあるTBSラジオのスタジオは、そろそろ日付が変わろうという時間になっても慌ただしく人が出入りし、特有の熱気に包まれていた。この日は衆院選の投開票日であり、評論家の荻上チキさんが司会を務める選挙特番に私も出演していた。アナウンサーと記者が、各地の状況をせわしなく伝えていく。出演者ブースにずらりと置かれたテレビモニターのどの画面にも、獲得議席数が党ごとに並び、激しいフラッシュの中で万歳三唱する当選者たちの姿が次々映し出されていった。

他局の進行に支障をきたさないよう、各政治家に電話をつなぐ時間は、秒単位で厳密に管理されていた。午後一一時半頃、スタジオから日本維新の会の馬場伸幸幹事長（当時）に電話をつないだ。私は前々からぶつけてみたかった二つの質問を投げかけた。ひとつは、差別問題に対する党のスタンスについてだ。「日本維新の会 政策提言 維新八策二〇二一」の中で掲げられているヘイトスピーチ対策の中に、「日本・日本人が対象のものを含む」という文言があったのが気になっていた。

もちろん、どんな立場の人間であっても、言葉の暴力の的《まと》にされていいはずがない。ただ、二〇一六年に施行されたヘイトスピーチ解消法の立法事実には、マジョリティとしての日本人に対する「罵詈雑言」などは含まれていない。ヘイトスピーチは単なる「悪口」ではなく、差別を扇動し、マイノリティをより脆弱な立場に追いやることにその深刻さがある。この点について馬場幹事長に尋ねても、「(ヘイトスピーチを)幅広くとらえる」と要領を得ない。認識の「ズレ」がより露呈したのは、その次の問いだった。

維新は同じ政策集の中で、国政選挙の立候補者が過去に日本国籍を取得していた場合、国籍得喪履歴の公表を義務づける、と記していた。この案を目にして私が真っ先に思い浮かべたのは、いわゆる「黒シール事件」だった。一九八三年に行われた衆院選で、石原慎太郎氏の対立候補であった新井将敬氏の選挙ポスターに、「北朝鮮より帰化」というシールが貼られ、その後、石原陣営の秘書が関わっていたことが判明している。「朝鮮籍」と「北朝鮮」を混同している時点で、彼らはこうした歴史に無知だと言わざるをえない。

事件後も、石原氏自身による差別言動は繰り返された。二〇〇〇年に陸上自衛隊練馬駐屯地で開かれた「創隊記念式典」で、「三国人、外国人が凶悪な犯罪を繰り返しており、大きな災害では騒擾《そうじょう》事件すら想定される」と発言したのはほんの一例でしかない。ちなみにこの「三国人」とは、主に台湾出身者や朝鮮人を指す蔑称だ。

あの「黒シール事件」は、石原氏周囲に染みついた差別性と、この日本社会で出自を明かす「リスク」を如実にあぶり出したものだった。それから四〇年近く経ってもなお、彼の発言の数々が、一部メディアで「石原節」「自由な発言」と矮小化される日本社会だ。出自公表の義務づけは、攻撃の「的」をあえて提示させるような危険を伴うはずだ。

その点を問われた馬場氏は、〃外交、安全保障上重要な政策決定をする〃立場から、「公人として〃きちっとした経歴〃を明らかにするのは当たり前」だと返答した。すかさず、司会の荻上チキさんが問いかける。「被差別部落出身であることを書けとは言わないと思いますが、国籍の履歴開示はなぜ必要なのでしょうか」。馬場氏は声色ひとつ変えず、「同和地域の出身の方は同じ日本人ですから」という。荻上さんが続ける。「帰化した人は、それ以外の日本人とは別ということでしょうか？」。一瞬の間も置かず、「そういうことです」と乾いた声がイヤホンから届く。

体が固まるのが分かった。数秒間、呼吸をするのを忘れるほどだった。再びアナウンサーの「読み上げ」が始まり、スタジオの音声がオフになると、どっと体の力が抜けた。馬場氏が「そういうことです」と返答したとき、「酷《ひど》いね」と私に目くばせしてくれた出演者がいた。「これ自体がヘイトだよ」と憤ってくれた人もいた。そんな反応に救われつつ、鉛のように重苦しい感情が、番組終わりまで心の中に巣くい続けた。

日本国籍を取得してもなお、父もこうして、「お前は日本社会の一員ではない」と線引きされてきたのだろうか。

一〇月三一日、この日は父の命日でもあった。

初めて法廷に立って

裁判所の無機質な廊下をくぐり、学校の教室ほどの広さの法廷へと進む。日頃は傍聴側から眺めている原告席に、自分が座っているのは妙な気持ちだった。被告席には予想通り、誰も来る気配がない。裁判官たちが入廷し、淡々とやりとりが進んでいく。空っぽの座席を横目に、私は彼らの正面に立った。二分に満たないごく短い意見陳述の中にも、凝縮した思いがある。日々、ネット上で膨れ上がる凄まじい暴力に、歯止めをかけることだった。

「今回の損害賠償を求める民事裁判でも、本件が『差別』の問題であることを明確にした判決が出されることを願っています」

差別、という言葉に、とりわけ力を込めて読み上げたつもりだった。いざ法廷の重々しさを前にすると、すべての声が空《くう》に消えていくような無力感がのしかかる。二〇二二年一月一九日、最初の期日は形式的に、そしてあっけなく終わった。

前年二〇二一年一二月八日、ネット上に差別書き込みをしたとして、私は西日本在住の二人を相手取り提訴に踏み切った。発端となったのは私の家族についての記事と、それに対するＳＮＳ上の投稿だった。

二〇二〇年一二月、私は「ルーツを探る旅」の一部を記事にまとめ、副代表を務めるDialogue

for People のサイトに掲載した。反響は大きく、記事をリンクした Twitter 上の投稿には一万を超える「いいね」がつけられた。温かな声が数多く寄せられると同時に、差別を上塗りするような言葉も次々と投げつけられていった。

以前の私なら「放っておこう」と、ただ静観して波が収まるのを待っていたかもしれない。けれども旅での出会いはいつの間にか、私の心の軸を大きく変えていた。これ以上そんな不条理を、黙って見過ごしたくはなかった。

この社会には、マジョリティとマイノリティとの力の不平等が確かに存在する。朝鮮学校の公式戦出場を認めるかどうか、高校無償化の対象にするかどうか、年金を外国人にも支給するかどうか――この旅の中だけでも、マジョリティ側が持つ「ジャッジの権限」によって、運命を大きく揺さぶられてきた人々と出会ってきた。差別はこの不均衡の中に、深い根を張る。

とりわけヘイトスピーチの問題は、ルーツの旅と切り離すことができないものだった。京都で、川崎で、その被害に耳を傾けながら、これが単に「心の傷つき」の問題に留まらないことを知った。矛先を向けられた側の日常や尊厳は深くえぐられる。「声をあげたらもっと暴力にさらされる」という恐怖が、被害を受けた側に沈黙を強いる。

これまで取材した人たちの中にも、「駅前でヘイト街宣をやっているから、今日は出かけられない」と、外出を控えるようになった女性がいた。差別書き込みを受け、「子どもにも矛先が向けられたらどうしよう」と、一緒に出かけても「他人のふり」をして歩かなければならなくなった母子がいた。在特会による襲撃事件当時に朝鮮学校に在学していた青年は、今でも加害者と似た服装を街中で見かける度、冷や汗がにじむという。「表現の自由」が「差別の自由」ではないことは明らかだろう。すでに〝矛先を向けられた側の自由〟が、こうして奪われているのだから。

私自身のルーツについて発信をするようになってから、とりわけ次世代からの相談が増えていった。提訴を考え始めたときも、彼ら彼女たちの顔が浮かんだ。「どうしてルーツの話が人前でできるんですか？　〝韓国嫌いなんだよね〟って友達はよく言うし、ぼくにはそんな勇気がなくて」とこっそり打ち明けてくれた大学生、毎日使うＳＮＳでふいに目にした差別書き込みが頭を離れず、「この社会で生きていけるのかなって考えちゃう」と泣きながら語っていた高校生――。

私は誰しもが、ルーツをつまびらかにするべきだとは思わない。ただ、隠したくもないのに隠さなければならず、ルーツを語るのに「勇気のいる」社会は、豊かとは言えないだろう。

時折ネット上の被害について、「嫌なら見なければいい」という声を耳にする。以前の私はどこかで、そう思っていたのかもしれない。けれども今やインターネットは、生活を支える欠かせないツールとなっている。「見なければいい」というのは、被害を受けた側だけが日常的に不利益をこうむり続けることを意味している。仮に私がそうした自助努力で対処したところで、攻撃する側は恣意的にターゲットを変えていくだけだろう。事の本質をすり替えたままでは、次世代にこの問題を先送りにすることになってしまう。

訴訟の対象としたのは、私や父の出自をもって「チョン共」「密入国」「犯罪」などの言葉を羅列していたふたつのアカウントだ。「裁判は大変だ」とこれまでの取材で分かったつもりになっていたものの、そこに吸い取られるエネルギーの量は予想をはるかに超えていた。

相手は元々、匿名のアカウントだった。まずはその「誰か」を特定するためだけに、発信者情報開示を求める裁判を複数回、起こさなければならなかった。それだけでも金銭的、労力的な負担が原告に相当かかる。

Twitterなどのプラットフォームやプロバイダ側がユーザーの情報開示を拒む際、「これは差別ではない」「これは深刻な書き込みではない」と加害者側に立って主張をしてくることもあり、二次加害、三次加害をその過程で受けることにもなる。それは、「あなたの考えすぎだ」「これぐらい気にしなければいい」という暗示となって、ボディブローのようにじわじわとダメージが食い込んでくる。

一方で、ただ消耗し、削りとられることばかりではなかった。発信者情報開示を求めた裁判の判決は、書き込みの内容が「差別」であり、人格権侵害であることをはっきり認めるものだった。つまり、「差別」が独立した違法要素として扱われた、今の法体系では「画期的」な判決だった。

例えば、「チョン共」という言葉についてだ。これ自体は差別用語ではあるものの、過去の裁判の流れからすれば、「広く朝鮮半島にルーツを持つ人々を指すのであって、あなた個人を差別したものではない」と判断された可能性は十分にあっただろう。

ところが、発信者情報開示の判決文にはこうあった。

《本件投稿は、原告の父親のみならず、原告を含め、広く韓国にルーツを有する日本在住者をその出自のみを理由として一律に差別する趣旨のもの》

《父親に対する原告の敬愛追慕の情をその受忍限度を超えて侵害するものであるか否かを問うまでもなく、原告の人格権を直接侵害するものであることが明らかである》

正直に言って、私はここまでの判決を期待していなかった。これまで取材してきた性暴力やネット中傷の裁判では、時代遅れな司法の人権感覚に辟易《へきえき》することの方が多かったからだ。ようやくではあるが、裁判所も少しずつ変わりつつあるのかもしれない。ただ、判例の積み重ねを気長に待てるほど、事態は軽微ではない。その間にも深刻な被害は、救済の手から抜け落ちてしまう。

そして、特定した相手への本裁判だ。匿名という盾の向こう側にいた「発信者」の一人は、幼い子どもを育てる父親だった。代理人を通して形式ばかりの「お詫び」の言葉が届いたものの、何についての、何のための謝罪なのかは判然としない。もう一人は表面的な反省さえ口にすることなく、「在日特権は存在する」といった古典的な「デマ」にとらわれ続けていた。こうなると、「対話」はますます困難になる。彼らがなぜ、こうした書き込みをするに至ったのかは、まだぼんやりとさえ見えてこない。

その上今の日本社会には、差別を包括的に禁止する法律がない。今後の裁判で相手の書き込みが不法行為だと認められたとしても、判決に「差別」の文言が入るかは未知数だ。

提訴会見後、見ず知らずの人が送ってくれた応援の手紙には、「今必要なのは単に優しさではなく、差別を許さない仕組みなのですね」と綴られていた。日頃は可視化されにくい法制度の問題を、訴訟を通して少しでも、社会に投げかけることができたのなら、裁判に踏み切った意味自体は、あったのかもしれない。

続いた「奇跡」

坂の上のマンションの一室からベランダに出ると、神戸の街並みの彼方に青々とした瀬戸内海がうっすらと見えた。もしかするとこの風景は、港に面した韓国・釜山に似ているのかもしれない。

二カ月ほど前の夜、在日本朝鮮人人権協会事務局長の金東鶴《きむどんはく》さんから電話があった。「奇跡ですよ」と興奮気味に話す東鶴さんは、記録に残っている祖母の最後の住所と、知人づてにつながった人が所有する土地が一致したと語ってくれた。聞けば戦後、多くの在日コリアンを支えてきた女性事業家、禹点分《うじょんぶん》さんの家があったところだという。

残念ながら点分さん自身はすでに他界し、家族の中にも私の祖母を覚えている人はいなかった。それでも、息子さん一家が温かく、今の自宅に招いてくれたのだ。

「お客さんを全力でもてなすことは、母が徹底していたことだから」と、皆で彩り豊かな昼食や季節の果物を次々に振る舞ってくれた。何気ない会話で笑い合う家族だった。そのささやかなやりとりに、なぜか私は強く揺さぶられた。祖母の最後の瞬間は、孤独ではなかったかもしれない、と思えたからだ。

祖母が暮らしていたらしいかつての大きな住宅には、行き場に困っていた朝鮮半島出身者が何人も身を寄せ、入れ替わり立ち代わりで住んでいたのだという。今はマンションが建っているその敷地の駐車場に立ち、静かに思いを巡らせてみる。点分さんの家族の、朗らかな人柄に触れたからだろうか。風景が様変わりしてもなお、かつての庭で住人たちが談笑する声が、時を超えて響いてくるような気がした。ここは戦後の混乱期に、羽根を休められる宿り木のような場所だったのかもしれない。

そして二〇二二年春、「奇跡ですよ」と、今度は韓国からの知らせが届いた。仲間内のLINEグループで「ちょっと今ビデオ通話できる？」と連絡をくれたのは、韓国のNGO、民族問題研究所の金英丸《きむよんふぁん》さんだった。英丸さんは長年、歴史問題に取り組み、市民運動に携わる日本の人々にもよく知られた存在だった。

昼間にもかかわらず仕事の合間を縫い、英丸さん、翻訳などを手伝ってくれていた曺美樹さん、自身もルーツをたどる旅を経験している林（柴田）昌平さんが次々とＺｏｏｍの通話に加わった。皆どこか、そわそわとした様子だ。

「見つかりましたよ」

顔をほころばせながら、英丸さんが語り始める。なんと、祖父の除籍謄本に載っていた親戚の一人に、連絡がついたというのだ。偶然にも、その人の親族の「お悔やみ」の記事がネットに出ていたのを見つけたそうだ。大まかな住所地と名前が一致していた上、商工会に勤めている人だったこともあり、すぐに本人に問い合わせてくれたという。長らく足踏みをしていた旅が、また一気に動き始めた。突然の加速に、心が追いつけないほどだった。

見つかったのは、祖父の兄の孫、私にとっての「はとこ」にあたる人だった。思いのほか近い親戚だ。鉄鋼業で有名な海沿いの街、浦項《ポハン》に暮らし、私よりひと回りほど年上だという。

しかもその人は、私の祖父のことを覚えていた。彼がまだ幼い頃、韓国を訪れた祖父に会ったこと、その後、日本に留学に行き東京で再会したこと――私の知らない祖父の時間を、「はとこ」は鮮明に記憶しているようだった。

英丸さんの報告を聞きながら、家族の手がかりが何ひとつなかった頃のことを、遠い昔のように思い返していた。ぷっつりと途切れているとばかり思っていたルーツの糸は、実はかろうじてつながっていたのだ。

私は血縁が家族のすべてだとは思わない。むしろそんな呪縛に、抗いたいとさえ思う。それでも湧き上がる、この抑えがたい感情を、なんと形容すればいいのだろう。見つかったことよりも、Ｚｏｏｍ画面上に並ぶ知人たちが皆、わがことのように歓喜しているのが嬉しかったのかもしれない。

もちろん「親戚」と言っても、突然日本からやってくる見ず知らずの人間をすんなり迎え入れてくれるとは限らない。現地で直接触れるのは、必ずしも喜ばしい家族の歴史ではないかもしれない。そうした可能性に、不安を抱かないわけではない。それでも、この糸を手繰り寄せてみたい気持ちは増すばかりだった。とにかく、水際対策が緩やかになるのを待ってみよう。

選挙の名を借りたヘイト

やけに湿気のまとわりつく日だった。風が時折さっと吹き抜けていくのが唯一の救いで、流れの早い千切れ雲たちが、太陽を覆ったり過ぎ去ったりを上空で繰り返している。川崎駅を背に大通りを進むと、日の丸がモチーフらしい派手なのぼりたちが、遠くからでも否応なしに目に飛び込んでくる。川崎市役所前まで来ると、まくし立てるような大音量の「演説」が、辺りの空気を震わせていた。

二〇二二年七月、参院選の投開票日が迫っていた。「あの条例だって在日特権なんですよ」「技能実習生がいるから日本人の賃金が下がるんですよ」――「日本第一党」の旗を掲げた街宣車の上から、「候補者」やその関係者たちが、破綻した言葉の数々を拡声器から放ち続けていた。川崎市では全国に先駆けて、ヘイトスピーチを刑事罰の対象とする条例が施行されている。彼らにとっては、そんな画期的な条例が「不都合」なのだ。

広めの歩道では、公安とカウンターが入り混じる形で一列に並び、「一般通路」と「あちら側の世界」を隔てていた。その「最前線」にいた神奈川新聞の石橋記者が一瞬振り返り、私と目が合った。彼はその後、第一党側が掲げるプラカードと私の間に立ち、「在日特権ってどういうことですか？」「逃げないでくださいよ！」と力の限り声を張り上げ続けた。

石橋さんは二年前の九月、一緒に「そよ風」の集会出席者を囲んだときにも、最後まで食い下がって質問を続けていた。彼は私のルーツについてよく知っている。あとから別の知人に、「安田さんの前で、酷い発言を許すわけにはいかなかった」と語っていたらしい。けれども負担をかけまいと、私にその思いを直接伝えることは絶対にない。ヘイトの矢が自分自身に向けば、その分彼らの注意を在日コリアンから逸《そ》らせるのだと、本気で思って取材を重ねている。

けれども石橋さんや、熱心に集まるカウンターの人たちの自助努力だけに頼り続けていいはずがない。

公職選挙法をそのまま読めば、カウンターの人々が候補者によるヘイトを無効化するために拡声器を使った場合、そのカウンター側が処罰対象になってしまう可能性が高い。だからこそこの期間を「抜け道」扱いするケースは絶えない。「選挙活動」にかこつけて、ヘイトを垂れ流すことができてしまう制度を放置したままでいいのだろうか。与党・自民党の候補者からも、性的マイノリティなどに対する差別発言が繰り返される中、ヘイト対策が自分たちに向けられては不都合なのだろうか。

ただ結局この日、第一党の支持者らしき人物は、数えた限り四人程度にすぎなかった。まばらな拍手がむなしく響く。「ネットで私は人気があるんですけどね」ともらす女性候補者に、周囲から失笑がもれた。カウンターたちに捨て台詞《ぜりふ》を吐きながら、彼女たちはそのわずかな支持者と握手を交わすこともなく、そそくさと車に乗り込み、次なる「現場」へと去っていった。彼らも落ち日だ、という安堵感がわく。

ところが、だ。地元駅に帰ると、夕方のせわしないロータリーに、巨大な人だかりができていた。いやな予感がした。

駅前では、シンボルでもある「橙色《だいだい》」ののぼりを背に、参政党の候補者たちがにこやかに手を振っていた。次々と披露される弁舌滑《なめ》らかなスピーチに、取り囲む聴衆たちは、惜しみなく喝采を送る。この党は自然派や有機農業、子育て政策などを前面に打ち出し、支持者をぐんぐん取り込みながら急成長している。その主張が実は、差別と排外主義を内包していることを、私は知っていた。

主要メンバーのひとりは、「戦争っていうのは悲惨なものじゃないんですよ」と平然と言い放ち、挙句、「日本はアジアを侵略はしていません。なぜなら、一九四〇年頃、アジアに国なんか日本しかなかったんですよ。（中略）もちろん戦闘があったから、現地の人をちょっと殺してい るかもしれない。が、大きな意味で侵略なんかしてない」と真顔で力説する候補者まで現れた。

唖然としたのは彼らの「歴史認識」ばかりではない。五〇歳以上は社会に不必要な存在であるかのような物言いにはじまり、ユダヤ資本や小麦を巡る根拠不明の主張までもが、YouTubeなどで止めどなく発信される。その度に喚起される「熱狂」に、極右も、そうでない人間も吸い寄せられていく。支持者獲得の手法が、日本第一党のそれよりも「雑」ではないのだ。

学生の頃から仕事で関わりのあった初老の男性は、いつしかQアノン（アメリカ発祥の陰謀論集団）に傾倒し、あっという間に彼のSNSは参政党一色になった。

他方、参政党が掲げる「オーガニック」「無農薬」など、「体や地球にやさしい」かのような政策に傾倒する知人たちもいた。「持続可能な社会」とはほど遠い排外的主張が、次々放たれているにもかかわらず、だ。「国産」の有機食材にこだわっていた料理好きの友人も、選挙期間がはじまると、参政党の投稿を頻繁にシェアするようになっていた。

彼らは折りに触れて「日本人である」ことを強調し、一体感と肯定感を刺激した。「日本人として」「日本人の国だ」と候補者が叫ぶ度、大衆は割れんばかりの拍手で応じた。私が一〇年以上暮らしてきた街の、日々利用する駅前で、だ。

帰り道、一歩踏み出すごとに、底なしの虚脱感が肩にのしかかってくるようだった。私は、私の家族は、この社会に存在してはいけないのか――これから街中で毎日のように、「出ていけ」と言われているような感覚にさいなまれるのだろうか。

家にたどり着くまでの間、気づけば「逃げ場」を求めて考えを巡らせていた。多くの移民が暮らす、ドイツならどうだろうか。でも、言葉も分からない新天地で、上手く仕事を見つけ、馴染んでいくことはできるだろうか――現実的なことを考え出すと、ますます心が沈んでいく。私の「故郷」は一体、どこなのか――。

この参院選の期間中、社会を揺るがす事件が起きていた。奈良市内で候補者の応援演説をしていた安倍晋三元首相が、手製の銃で射殺されたのだ。

事件が報道されたとき、私はすぐ、SNSを開いた。予想通り、「犯人は日本人じゃないでしょ」「朝鮮人の仕業では」「反日犯罪者は出ていけ」といった事実に基づかないヘイトスピーチが溢れはじめていた。

この日会う約束をしていた在日コリアンの友人たちは、「今日、外に出るのが恐かった」「玄関のドアを開けるところから、恐かった」とため息をついた。「こういう大きな事件が起きると、反射的に、〝犯人が在日じゃありませんように〟って願うんだよね」。

全国の朝鮮学校の中には、早めの下校を促したり、登下校の見守りを強化したところもあった。心配になり、教員の一人に電話をすると、少し明るい声で、こんな言葉が返ってきた。

「でもね、安田さん、聞いて下さい。幸いなことに今回、珍しく脅《おど》しの電話が学校に直接かかってきてないんですよ」

その明るさに、かえって絞めつけられるような気持ちになりながら電話を切った。別の学校では下校時に、「とにかく電車の中で事件の話はせず、目立たないように帰る」よう生徒たちに呼びかけたという。

街頭演説で繰り返される「日本人の国だ」という声に沸き立つ人々は、足元で息を殺すように生きる人々の存在に気がついているだろうか。

家に帰り、ふとベランダを見ると、バジルの瑞々《みずみず》しい葉が風に揺れているのが目にとまった。しばらく続いた海外取材の間に、家の植物をすっかり枯らしてしまった。私が出かけている間に、夫が植え替えてくれたようだった。夕日に浮かぶその緑だけが、優しかった。生きていていいのだと、そっと語りかけてくれたような気がした。

この参院選で参政党は政党要件を満たし、議員一人が当選する。彼らの「矛先」は案の定、外国人の生活保護などに向けられていくことになる。

「司法から否定された人々」と判決

九月を目前に控えた午後、京都・ウトロ地区は空気の湯立つような日差しに照りつけられていた。数分歩くだけでも、額《ひたい》から絶えず汗がつたう。真っ青な空とは対照的に、放火跡地には一年前と変わらず、焼け焦げた家屋が残されたままだった。

二〇二一年八月三〇日、「ウトロは不法占拠されている」といったデマを信じ込み、当時二二歳だった男性が、あの倉庫に火を放った。ウトロ平和祈念館が開館予定であることを知った男性は、それを「阻止」するために犯行に及んだと語っている。展示予定だった看板の保管場所を、

ウトロの焼け跡で

意図的に狙ったのだ。

男性は同時に、愛知県内の韓国学校などへの放火でも起訴されていた。ところがその犯行が思いのほか「世間の注目」を集めず、次に目をつけたのがウトロだった、と裁判でも供述している。反省のそぶりは見せず、メディアが面会に訪れても、在日コリアンへの差別意識を隠さなかった。

二〇二二年八月三〇日、放火から一年という日に、この事件に対する判決が言い渡された。入廷した有本匠吾被告は、痩せている、というよりも、私にはずいぶんとやつれているように見えた。時折裁判長の発言にうなずくものの、傍聴席には一瞥《いちべつ》もくれなかった。

有本氏に下されたのは、検察の求刑通りの懲役四年だった。判決は一連の事件を「在日韓国・朝鮮人という特定の出自を持つ人への偏見と嫌悪に基づく身勝手な犯行」と断じてはいた。「偏見」などの言葉が入った点に、一定の評価を見出す声もある一方、「差別」という文言が加えられなかったことを、被害者弁護団は深刻に受け止めていた。

この連続放火事件は住人のみならず、同様のルーツを持つ人々にまで計り知れない恐怖を与えた犯行だった。差別に基づく犯罪――「ヘイトクライム」であるという認識を明記しないまま、事件の本質はどこまで伝わるのだろうか。

判決後の記者会見で、ウトロを長年取材してきた中村一成さんが手をあげた。

「かつて日本の司法によって、そこに暮らすことを完全否定された人たちに対して、今日の判決をどう、お伝えになりますか」

質問というよりも、投げかけのような問いだった。金秀煥さんが一語一語を噛みしめるようにこう返す。

「社会が底抜けに劣化しているような面もある中で、この事件の深刻さと、ウトロの人たちに与えた被害が認定されたことは、前進。生きる権利、住む権利を主張し続け、諦めずに今日まで生きてきた人たちに対して、時代は進んでいるんだ、と伝えたい」

判決文は、この事件が生じさせた財産的損害に留まらず、住人たちに与えた精神的な苦痛についても触れている。

中村さんが言うように、住人たちはかつて、「その場所に暮らすことを司法からも否定された人々」だった。けれどもこの日の判決は不十分ながら、「そこに生活する住人」の痛みと向き合おうとしていた。それを希望につなげたい、と秀煥さんは語った。

判決の翌日、再び炎天下のウトロを訪れた。焼け跡の片隅には、この場の空気を少しでも変えていこうと、住人のオモニが作ったささやかな畑があった。新鮮なエゴマやトウガラシが、日光の下ですくすくと育っている。分けてもらった青唐辛子の瑞々しい辛さを味わいながら、ここが人々の営みと命が根付いてきた場所であることに、改めて思いを馳せる。

ウトロ地区には、立派な三階建ての祈念館がオープンし、秀煥さんは副館長を務めている。二階には常設展としてウトロの歴史が掲示されているほか、三階には企画展として、この地で生きてきた在日一世たちの写真タペストリーが並べられている。外の一角には、実際の資材も用いて飯場の一部が再現してあった。

入り口に立つとすぐに、祈念館のスローガンを刻んだ看板が目に飛び込む。

「ウトロに生きる　ウトロで出会う」

炎に包まれる倉庫で燃やされていった、「ウトロはふるさと」の立て看板を思わずにはいられなかった。田川明子館長が静かに語る。

「あの放火した人も、実際にウトロの人と出会っていたら、違っていたかもしれないですね」

祈念館で等身大のハルモニの写真（左）を紹介する田川館長

来訪者を迎える準備にいそしむ農楽隊のオモニたちと金秀煥さん（右）

第6章　祖父母の「故郷」、韓国へ

名を剥ぎ取られた女性たち

台風はすでに過ぎ去っていたものの、空はまだどんよりとした分厚い雲に覆われていた。乱れた気流が機体を激しく揺さぶる度、読んでいた本から顔をあげ、窓の外に目をやる。二〇二二年九月、私はソウルを目指していた。

この二年半というもの、目まぐるしく変わるビザや検疫の方針に、何度一喜一憂してきただろう。計画しては阻まれ、を繰り返し、ようやく実現した韓国渡航だ。だからこそ雲間から街が見えたとき、何かしらの感慨が込み上げるのではと思っていた。そんな予想に反し、私の心はとりたてて、波立たなかった。「ようやく来た」という感動でも、「帰ってきた」という感傷でもない、ここに来ることが必然であったかのような、妙に落ち着いた感覚だった。

水際対策が少しずつ緩められていたとはいえ、入国審査では事前に情報が登録されたQRコードの提示を求められた。乗客の列にまじりながら、電源を切っていたスマホを慌てて開く。コロナ禍に加え、日韓政府の関係の「悪化」により、しばらく両国の行き来にはビザが求められていた。ようやくそれが不要とされ、少しずつ渡航者も増えているようだった。中心街へと続くほぼ満員の地下鉄も、全員マスク姿であることをのぞけば、以前の日常を取り戻しているように見える。予定していた取材を終え、南へと向かうKTX（韓国高速鉄道）に飛び乗ると、私はソウルの喧噪《けんそう》を後にした。目指すは祖母の「故郷」だ。

「ここは今、こうして道路になっていますが、昔は小川が流れていたようです。もしかするとそこであなたのハルモニは、市場の帰りに手を洗ったり、ザリガニをとって遊んでいたかもしれませんよ」

釜慶近代史研究所の所長、キム・ハングンさんが、丘の頂きへと続く大通りを指差す。釜山駅から車で二〇分ほど内陸に走った峨嵋洞《アミドン》は、急坂続きの街だった。とりわけ険しい斜面にも、麓《ふもと》からてっぺんまで隙間なく、小さな家々が連なっている。案内をしてくれたハングンさんは、地域の歴史を長年研究してきたひとりだ。かつて広がっていただろう街並みを、豊かな情景描写も交えて活き活きと語ってくれた。

以前は小川だったというその周辺は、道路の拡張工事が至るところで進められ、かつての風景が次々と消えつつあるようだった。建設途中の巨大な集合住宅がそびえ立つかたわらに、古くからの住宅がひしめきあい、新旧が複雑なパズルのように入り乱れている。

大通りから逸れ、一度小道に入り込むと、川崎・池上町のように、人がようやくすれ違えるほどの細い裏路地がくねくねと張り巡らされていた。独特の磁場でも働いているかのように、あっという間に方向感覚があやしくなる。家と家にはさまれた、猫の額ほどの庭をのぞくと、エゴマやトウガラシなどがひっそりと育っていた。わずかな隙間にまで生きる知恵が浸透するその光景も、日本で訪れてきた在日コリアンの集住地区に重なった。

「この坂道にはかつて、下の広場から足の踏み場もないほど、市《いち》がずらっと並んでいて、野菜や果物を売る人たちが〝買ってって、買ってって〟と声を張り上げていたそうです。そのさらに上には、商人たちがサッと腹を満たせるようなうどん屋が軒《のき》を連ねていました。今でも〝うどん通り〟と呼ばれていますよ」

「市場に通っていたのなら、幼いあなたのハルモニも、売り場の間を縫って、この細道を駆け上がっていたかもしれませんね」

膨大な知識に裏打ちされたハングンさんの言葉は、フィールドに出ると体温を帯びる。会ったこともない幼い祖母が、目の前を颯爽《さっそう》と走り抜けていくのが「見えてくる」ような、不思議な感覚を覚えることとさえあった。

祖母が生まれた頃、周辺は日本名で「谷町」と呼ばれ、釜山の「三大貧困地帯」と言われるほど貧しい一帯だったようだ。小川のかたわらには火葬場があり、周囲にはいつもその煙と臭気が立ち込めていたという。

息を弾ませながら近隣の丘の上までのぼってみると、コンクリート造りの民家の屋根に、「風も雲も休んでいく展望台」と書かれた小さな看板が掲げられていた。そこから見下ろした景色はやはりどこか、神戸に似ている。釜山を離れたときに一一歳だったことを考えると、彼女の中にはうっすらと、故郷の記憶があったはずだ。晩年、そんな脳裏に刻まれている光景と神戸を、祖母は重ね合わせていたのだろうか。

峨嵋洞の一角で

植民地時代、釜山に暮らす日本人たちは、「先祖が丘の上から自分たちを見守ってくれるように」と、市街地近くにあった墓地をここに移してきたという。急坂、火葬場、墓地などの条件が重なり、ここは街の中でも「忌《い》み嫌われる場所」だったようだ。

祖母が日本に渡った七年後、日本は敗戦を迎え、釜山に暮らしていた日本人たちも引き揚げていった。朝鮮半島は、戦時強制動員や創氏改名などといった支配から「解放」されたはずだった。そんな喜びも束の間に、北緯三八度線を隔てて南側ではその後、米軍政が三年間続くことになる。「新たな占領者」となった米軍政側は、自らの正当性を示し、統治を「円滑」に行う必要があった。その過程で、日帝時代の権力にすり寄ってきた警察や官僚らが再び登用されていくことになる。

分断や統治のあり方に異を唱える人々には容赦なく「アカ（共産主義者らへの蔑称）」のレッテルが貼られ、熾烈な弾圧の矛先を向けられた。朝鮮半島は引き裂かれたまま、一九四八年八月一五日、南側に大韓民国政府が誕生する。

そして一九五〇年、朝鮮戦争が勃発し、多くの人々が南へ南へと逃避行を余儀なくされた。暮らす場所を追われた避難民たちは日本人墓地にテントを張り、劣悪な環境下でなんとか命をつないでいこうとした。その周辺は今、「碑石村」と呼ばれている。休戦後も行き場がなく、墓地での生活を続けた人々が、ここで集落を築いていったのだという。よく見ると家の基礎部分に埋まっている石には、所々に漢字が刻まれ、墓石だった名残を残していた。墓の上に暮らしているのが申し訳ないからと、祭祀《チェサ》の際に墓の主の先祖も一緒に弔《とむら》う住人もいたようだ。

「この近くでカフェを作ろうとして古い建物を取り壊したところ、地下から〝白い影〟が現れて、工事が止まってしまった、という話もありますね。〝トッケビ〟が出たって」

トッケビとは韓国語で、妖怪や精霊のようなものを指すらしい。

身を寄せ合うように並ぶ平屋と平屋の間に小さな広場があり、年配の女性たちが何人かで朗らかに談笑していた。声をかけて事情を話すと、広場の奥の家から、最も長くこの周辺に暮らしているという八〇代のハルモニが、柔和な笑みを浮かべて顔をのぞかせてくれた。彼女がここで暮らし始めた頃にはすでに、丘の上に避難民たちの掘っ立て小屋がひしめき合っていたそうだ。

「私は二〇代でここに嫁いできたから、あなたのハルモニの生きてた頃は分からないね……。でも役所に行ってごらんなさい。きっと見つかるから」

背中を押してくれたハルモニのしわしわの手から、ほんのりと温もりが伝わる。

彼女の言葉通り、私たちはこの日、峨嵋洞の住民センターや地域の役所にも足を運んだ。窓口の人たちは戸惑いながらも、懸命に耳を傾けてくれてはいた。ただ、これまでの経緯を理解してもらうには、いささか複雑な説明が必要になる。

祖父は日本で結婚したことも、私の父が生まれたことも、韓国側に一切の届け出をしていない。東京の韓国領事館で発覚したように、父は日本の書類上「韓国籍」とされていながら、韓国側には「国民」として登録されていなかった。

「お孫さん（私）はこちらの住民登録番号はないんですか？」

「お父様はなぜ記録がないんですか？」

「お祖父さまは金玉子さんと婚姻した形跡がないですよ？」

役所の仕事上、当然持つだろう疑問に対して、通訳を務めてくれた曺美樹さんが背景を踏まえて丁寧に説明していく。こうした点は、在日コリアンの歴史を知らなければ、伝わりづらいところだろう。結局どのデータと照合しても、この地で暮らしていた一九二七年生まれの「金玉子」は見当たらない、という答えしか得られなかった。

がっくりと肩を落とし、私は役所を後にした。実は祖父の外国人登録原票にも、日本に渡る前、釜山の「谷町」で暮らしていた記録がある。もしかすると祖母は、祖父の記載にただ合わせて、同様の住所を書き込んだだけかもしれない。また、日本の原票に残っている名と実際の名が違う場合もあるようだ。そうなると、私の手元にある書類は、何の頼りにもならないことになる。

役所の前の公園では、地域のハルモニたちが木陰に集い、ベンチでにぎやかに花闘《ふあとう》（花札）を楽しんでいた。カラフルなその光景と、モノクロの平面でしかない祖母の写真は、決して重なることのない違う世界の物語のようだった。あなたは本当は、誰なのだろう。何に喜びを感じ、何に悲しみ、どんな思いを抱いて短い生涯を閉じたのだろう。激動の時代を確かに生きたひとりの女性の人生が、その断片さえ残らず、ただ「なかったこと」になってしまうと思うと、たまらなく悲しかった。

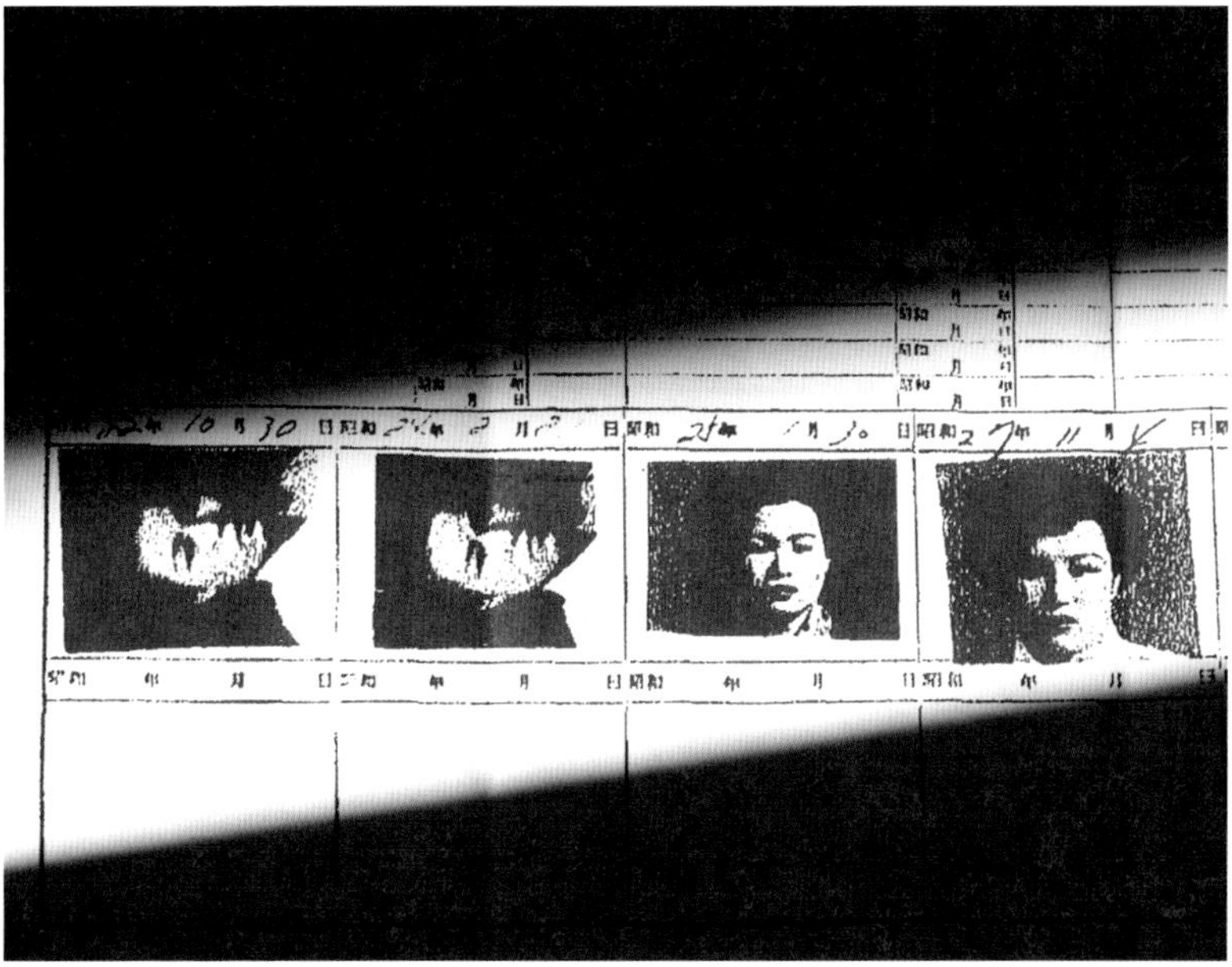

外国人登録原票に残る祖母、金玉子の顔写真

諦めきれず、再び峨嵋洞の急坂に戻って聞き込みを続けた。夕暮れの道端でたまたま出会った七〇代の男性は、「金玉子……?」と少し考えて、私にこう告げた。

「名前で呼ばれても、分からないな。女性を名前では呼ばないから」

それはある意味、象徴的な言葉だったのかもしれない。

実はそれまで多くの人に、「族譜」と呼ばれる家系図を探すことを勧められていた。代々手渡されてきた「家族の証」として、大事に保管している人もいる。けれどもこれはあくまでも、男性中心に編まれたもので、女性は名前さえ記されていない場合もある。実際に見せてもらった知人の「族譜」でも、女性たちは「妻」や「女」と書かれ、その名がすっかり剥ぎ取られていた。

この旅を通して出会う女性たちの言葉には、「家」の内にはびこる根深い苦しみがにじんでいることが少なからずあった。とりわけ祖母と同年代の女性たちの人生に、それは色濃く表れる。「早く長男を産め」と、血をつなぐ「道具」のように扱われた母親、「女が学校なんて」「女は男のように大事に育てなくていいんだ」と、存在そのものを蔑ろにされてきた娘――そんな彼女たちの生きた痕跡は、家父長制と時代の狭間で、時に置き去りにされ、時に消し去られてきた。

再び釜山駅に降り立ち、小ぎれいなKTX乗り場へと向かう足取りは重かった。「行きさえすれば何かわかるはず」という私の考えは、あまりにも甘いものだった。何か大切で大きなものを丸ごと置き去りにしてきたような、強烈に後ろ髪を引かれた感覚のまま、私は次の「故郷」へと向かった。

命の源流

指定された店は家庭料理の「隠れた名店」らしく、大邱の中心街から少し外れた住宅地の真ん中にひっそりとたたずんでいた。奥まった「離れ」のような部屋に通されたものの、とても冷静に座ってはいられなかった。長らく待ち望んでいた瞬間が、目前に迫っているのだ。

何度深呼吸をしても落ち着かず、私は緑に囲まれた中庭をただうろうろとしていた。どうやら緊張しているのは私だけではないらしい。夫、通訳の美樹さん、ソウルから来てくれた金英丸さん、この旅に伴走してくれているジャーナリストの伊藤詩織さん、そしてなんと、この日のために休暇をとって日本から駆けつけてくれた林昌平さんも、いつの間にか皆、庭に集っていた。

外から中庭へと通じる扉が開く。最初に顔をのぞかせたのは、老夫婦だった。背の高いメガネをかけた男性は、私の祖父の兄の息子、つまり父にとっての「いとこ」にあたる、金龍九《きむよんぐ》さんだ。二月に脳梗塞を患《わずら》ったという龍九さんは、少しだけ足を引きずりながら歩いていた。彼こそがあの除籍謄本の「戸主」として記載されていた人だった。はつらつとした様子で皆と挨拶を交わす妻の李政子《いじょんじゃ》さんは、華奢でショートカットのよく似合う女性だった。

そして、龍九さんの四男で、私の「はとこ」にあたる宰勲《じぇふん》さんが続く。爽やかなTシャツ姿で、柔和な顔つきの青年だった。最後に、龍九さんと同じくメガネをかけ、襟付きのジャケットを着た真面目そうな男性が現れた。龍九さんの長男で宰勲さんの兄、泰賢《てひょん》さんだ。英丸さんが最初に連絡をしたのは彼だった。

「はじめまして」と、庭に立ったまま簡単な自己紹介をするも、皆どこか、ぎこちない。無理もない。日本から突然、存在も知らなかった「親族」がやってきたのだ。互いに硬さがほぐれないまま、私たちは「離れ」の席についた。

テーブルにはすでに、韓国でよく使う表現を用いれば、「テーブルの脚《あし》が折れるほど」たくさんの料理が並んでいた。英丸さんが「司会役」を務めて経緯を説明する間にも、泰賢さんは常に「食べてますか」「これも美味しいですよ」と、プルコギやチゲを勧めてくれる。事前にやりとりをしていた英丸さんが、泰賢さんの人柄を「驚くほど真面目」と度々語っていたが、神経質な印象は全く受けず、細やかに気を配る人だった。

隣でばりばりと好物の青唐辛子を頬張る詩織さんを、私は内心、うらやましく思っていた。「説明しなければ」「質問しなければ」と気がはやり、食事どころではなくなっていたからだ。

ところがそんな緊張も、思い出話がはじまると、ものの数分でほぐれていった。「脳梗塞の影響で記憶が途切れ途切れだ」という龍九さんをいたわりながら、政子さんが実にはきはきと、自分の知っている限りのことを語ってくれた。

「命坤さんはね、こっちに三回帰ってきていて、最初に来たのが一九七四年のことだったよ」

その年号は、祖父の外国人登録原票に残されていた「出国」記録にぴたりと合う。家族たちから「コンピューターのよう」と言われるほど、政子さんの記憶は正確だった。

龍九さんも政子さんも、日本の敗戦直前に釜山で生まれている。龍九さんの生家は、私の祖母の記録と同じ「谷町」、つまり峨嵋洞だ。元々一家の本籍地はこの大邱だったが、生活が苦しく、龍九さんが生まれる前に釜山へと移っていったようだ。その後、長男だった龍九さんの父は釜山に残り、次男と、三男だった私の祖父の二人が日本へと渡っていったという。

龍九さんは中学生頃まで峨嵋洞で暮らしていたものの、母が亡くなり、父の再婚に伴ってソウルに移り住むことになる。再婚相手との関係はなかなか折り合わず、ほどなくして龍九さんは父の元を離れていく。祖母や妹たちと共に大邱へと戻り、一〇代にして日々の家計を担うことになった。

「二十歳を過ぎた頃、ベトナム戦争にまで参加した。それも皆、家族を支えるためだった」

通信兵であり、実際の戦場に駆り出されたわけではなかったのだが、と龍九さんは記憶を拾い集めるようにゆっくりと語る。韓国軍がベトナム戦争に参戦した歴史を、私も「知識」として知ってはいた。自分の親族もその渦中にいたのかと、内心に衝撃が走った。

当初予定していた龍九さんの任期は、思わぬ形で一年延ばされた。一九六八年一月、朴正熙《パクチョンヒ》大統領と閣僚の暗殺を狙い、北側から韓国に侵入した特殊部隊が、青瓦台（大統領府）を襲撃する事件が起きたからだ。

一方、私の祖父たちとは、敗戦から数十年間、音信不通状態にあったという。日韓に散り、互いの消息も知らずにいた家族同士はその後、船の乗組員をしている親戚を通して、再びつながることになる。そして政子さんが語るように一九七四年、祖父と祖父の次兄・富坤さんは、再び故郷の地を踏んだ。

食事を終えて店を出ると、私たちは郊外に車を走らせ、墓地へと向かった。遠目に大邱を一望できる山々の斜面は、街中の人間たちの死を引き受けているのではないかと思えるほど、一面墓石で埋め尽くされていた。ちょうど「秋夕《チュソク》」の時期を過ぎたばかりだからか、どこを見渡しても、人影はまばらだった。「秋夕」は日本でいうお盆に近く、里帰りや墓参りで親族たちが集う。そのときに生けられたのであろう、ややしおれた花々が、造花に混じって風に揺れていた。

頂上へと続く曲がりくねった細道を慎重に進み、ひとつの丘の中腹に降り立った。芝生の匂いが清々《すがすが》しく、澄んだ空気をいっぱいに吸い込む。番犬らしき白い犬が、道のかたわらで人懐っこく尻尾をふる。

龍九さんの祖父母、つまり私の祖父の両親の墓は、手入れのよく行き届いた生垣に囲まれていた。二つ並んだ土饅頭《どまんじゅう》は人の腰の高さほどもあり、男性側の墓石には名前と職業が、女性側には姓名だけが刻まれていた。

墓石の前には、ちょうど五、六人が車座になって座れるほどのスペースがある。祖父も三度、ここを訪れ、親族と食事を囲んだという。それがこの地に伝わる、「先祖との対話」だった。祖父が手を合わせたその同じ場所に、ゆっくりと膝をつく。月日を超えて、祖父と私の時間が重なっていく。会ったこともない孫娘が、自分の足跡を追ってここに立っていると知ったら、祖父はさぞかし驚くだろう。

車での移動中も、運転席に座る泰賢さんは、絶えず家族の話をしてくれた。泰賢さんは三〇年近く前、三カ月だけ日本に留学したことがあるといい、簡単な会話は難なく日本語でこなしていた。真剣な会話の合間に時折、茶目っ気のある話もはさむ。「右に曲がります」というナビの声が車内に響くと、思い出したように「韓国では、三人の女性たちの声に従うよう言われます」と切り出した。「母、妻、そして……このナビゲーション」。あまりに真面目な顔のままで冗談を言うので、「これって笑うところ……?」と一瞬間があいてから、思わず吹き出す。場をなごませようというさりげない心遣いが、嬉しかった。

最後に泰賢さんが案内してくれたのは、雑居ビルの一角にある宰勲さんの会社の事務所だった。つい先日ここに引っ越してきたばかりだといい、ゆったりとした広さの部屋が三つ連なる立派なオフィスは、まだ家具を整え始めたばかりのようだった。

奥の扉を開けると、なぜか動物が動く気配がする。聞けば野良猫たちを放っておけない宰勲さんが、路上から数匹拾い、ここにかくまっているのだという。そうっと机の下の「猫小屋」をのぞくと、生まれたばかりの子猫たちを、母猫がいとおしそうになめていた。

私たちが通された本棚の連なる部屋には、壁一面にずらりと絵本が並べられていた。なんと宰勲さんの興《おこ》した会社は、絵本の取次を専門にしているのだという。棚の一角には、『ぐりとぐら』『おつきさまこんばんは』など、日本の名作絵本を翻訳したものもある。

長テーブルにコーヒーやジュース、お菓子やフルーツを並べると、泰賢さんは「見せたいものがある」と、紙袋から分厚いアルバムを取り出した。

一冊目を開くと、モノクロの写真で大きく、民族衣装姿の夫妻が並んでいた。私が手を合わせた墓の主でもある龍九さんの祖父母、私の祖父の両親だ。次のページにはやはりモノクロで、一族の集合写真が貼られている。そこに収まる二〇人以上の親類の中でも、眼光鋭い祖父は、ひときわ存在感を放っていた。

政子さんが懐かしそうに目を細めた。

「いつ、どこでボクシングを始めたかまでは知らないけれど、がっちりとした体をしてるでしょう。でもね、気の短い兄の富坤さんと違って、命坤さんはとっても落ち着いた人だったよ。私たちにはいつも、優しかった」

パチンコ店の福田さんから見た祖父とは、ずいぶん違った印象を一家は持っていたようだ。

「子どもが大好きだった」らしい祖父は、勉強が忙しい泰賢さんをいたわり、宰勲さんをわが子のようにかわいがったという。

「私、命坤さんとは〝サウナ友達〟だったんですよ。よく連れて行ってもらったのを覚えています。あと、お寺巡りなんかもしましたね」と、宰勲さんも感慨深げにアルバムをのぞき込む。

遊園地に遊びに来た日の写真には、祖父の大きな体に甘えて寄りかかる幼い宰勲さんの姿が写っ

祖父が支配人を務めたパチンコ店の前で。右端が祖父、左端が龍九さん

ていた。政子さんが続ける。

「でもね、実の子は養子に出した、と聞いたことがあるよ。何かやむをえない事情があったらしいけれど、詳しくは聞かなかったね」

少なくとも祖父の中での私の父は、「記憶の彼方の忘れ去った存在」ではなかったようだ。自分の子どもにできなかったことの数々を、せめて宰勲さんたちには、と祖父は思っていたのかもしれない。

当時は日韓の経済格差もあり、在日コリアンたちは往々にして「裕福」だと思われていた。祖父もその「期待」に応えるべく、親族一同を旅行に誘い、できる限りもてなそうとしてはいた。ただ、毎年のように両国を往復していた羽振りのいい次兄と違い、生活は決して、豊かではなかったようだ。最後に祖父が故郷を訪れたのは一九八九年、ソウル五輪が開かれた翌年だった。自身の還暦を祝おうと、当時妻だった女性と共に帰郷してきたという。

この頃には、アルバムの写真もカラーに変わっていた。鮮やかな民族衣装に身を包んだ六〇歳の祖父は、スプーンをマイク代わりにして歌いながら、ほろ酔いで宴会を楽しんでいた。派手なのは晴れ着ばかりではない。予想に違わず普段着も、目がチカチカするほどの強烈な色合いばかりだった。開店したての福田さんのパチンコ店の前で、緑のポロシャツと濃いピンクのジャケットに身を包む祖父はどこか誇らしげだ。同じ写真には、日本を訪れた若かりし頃の龍九さんの姿もある。

ふフっと笑いながらまた政子さんが語る。

「命坤さんの韓国語は、一九四〇年代に日本に行ったっきりの言葉でしょ。だから使う表現がどれも古いんですよ」

たとえるなら、「トイレに行きたい」を、「厠《かわや》はどこだ」と言ってしまうような言葉遣いだったらしい、と英丸さんが続ける。

祖父の写っている最後の写真は、龍九さんが営んでいた小さな電気工具店の前で、龍九さんと二人で収まっている一枚だった。その奥の小部屋では、泰賢さんが衛星放送を聞きながら、こつこつと日本語を勉強していたそうだ。「将来必要になるかもしれないから」、と。

泰賢さんが最後に祖父に会ったのは、一九九一年に日本へ留学に来ていたときだったという。

その数年後、祖父の妻から訃報を伝える電話を受けたのも泰賢さんだった。女性は日本人だったため、言葉の壁もあってか「詳しい状況を聞くことはできなかった」らしい。

アルバムをひと通り見終えた後、私はカバンからあるものを取り出した。

「実は皆さんに、二年前にお送りしたものなんです」

除籍謄本に記載されていた住所に送り、すべて日本に舞い戻ってきてしまった、あの手紙だ。日本から一往復半してようやく、宛名の主に届くことになった。

二年前に送った封筒に、いったい何を入れていたのか、私も記憶が薄れかかっていた。開封してみると手紙のほかに、私自身のプロフィール写真と、幼い頃の私と父が写る写真とが添えられていた。「どんな人なのか分かった方が、受け取った側も安心するかもしれない」という美樹さんのアドバイスから、あのとき急遽、用意したものだった。一家は皆で静かに、「旅」を終えた手紙に目を通してくれた。

「実を言うと最初に電話をいただいたとき、詐欺か何かだと疑ったんですよ」と、泰賢さんは笑う。英丸さんが泰賢さんに連絡をした頃、ちょうど周囲では、日本でいう「振り込め詐欺」のようなものが相次いでいたそうだ。

「今度は私が住んでいる街、浦項にも来て下さい。カニが有名ですし、美味しい爆弾酒で知られているお店もあるんですよ」

爆弾酒とは、チャミスルなどの焼酎をビールで割った飲み物で、どうやら作り方にも細かなコツがあるらしい。短時間の会話の中で、泰賢さんはすでに、私たちがお酒好きであることを見抜いていたようだ。

ホテルに送り届けてもらい、浦項にも訪れる約束をし、私たちは一家の車を見送った。最初のぎこちなさなど忘れたかのように、別れの握手もハグも、ごく自然だった。奇跡のような時間は、こうしてあっという間に過ぎていった。私の命の源流が、確かにここにある――そして今、祖父の時代から地続きの地平に立っているのだ。

大邱で対面した親戚たちと。私（後列中央）の左が泰賢さん、右が宰勲さん、前列左が政子さん、右が龍九さん

「女の顔をしていない」歴史

大邱からソウルへと戻る頃、辺りはすっかり陽が落ちていた。KTXの車窓から、流れ星のように過ぎていく家々の灯りを眺める。家族と過ごしたかけがえのない時間を反芻《はんすう》しつつも、心の片隅がチクチクと痛んだ。

祖父の親族たちとの対面は、祖母の足跡をつかむための「最後の望み」でもあった。ところが、細かなことまで克明に記憶している政子さんでも、私の祖母については「聞いたことがない」という。

これまで私は祖父の顔を、外国人登録原票の写真でしか見てこなかった。公権力が人間の「監視」のために撮り、役所が「管理」してきた写真だ。けれどもこの日、家族の手で撮られた「思い出」の一枚一枚に、祖父は一人の人間として豊かに現れた。

対して祖母は、故郷の地をもう一度踏むことさえかなわなかった。彼女の人となりを語る人は誰もいない。せめて、些細なものでも手がかりを見つけ、管理、監視の枠組みから、祖母を解放したかった。

釜山を離れてからもずっと、「名前を剥ぎ取られた女性たち」のことを考えていた。だからこそ、大邱で会えた一家の様子に、私は心から安堵していた。彼らは、男性の歴史としての族譜ではなく、ささやかな日常を記録したアルバムを大切に持ってきてくれた。墓石に姓名しか書かれていない私の曾祖母、つまり龍九さんの祖母である具先伊《くそに》さんのことも、丁寧に教えてくれた。政子さんが中心となって、家族の歩みを語ってくれた。そんな母の声を尊重する息子たちの姿を見ることができた。

もちろん、半日時を過ごしただけでは、分からない事情の方が圧倒的に多いだろう。龍九さんが元気だった頃の家庭内の力関係は違っていたかもしれない。昔のアルバムの中の政子さんは、幼子だった泰賢さんたちの手を引いて、いつも遠慮がちに、端の方に写り込んでいた。それでもこの日、上から目線で「説教」するような態度の男性は誰もいなかった。

家父長制をはじめ、女性たちの声が抑えつけられたり、かき消されたりしてきた社会構造は、遠い昔の話ではない。それは現代の女性差別や、日常の中で受けるハラスメント、それらが傍観され、見過ごされる痛みと、一本の線でつながっている。

韓国滞在最終日、知り合いを介して宴席を共にした男性たちは、「在日っていうのは」と大きな主語で安易にくくり、くだをまきながらマンスプレイニングを繰り返した。求めてもいないのに「教えてやる」と言わんばかりにしゃべり続けていた。

帰国便の中で、私はスヴェトラーナ・アレクシエーヴィッチ氏の名著『戦争は女の顔をしていない』を読んでいた。今思うと、私は彼らに言ってやればよかったのだ。「あなたたちの語る在日の歴史は、女の顔をしていない」と。

ルーツをたどり、過去を手繰り寄せるこの旅は、「これから」への導きだった。ひとりの人間の歩みからは、必ず社会の姿が垣間見える。大切なのはそこから得た気づきを軸に、自分が今後、どんな生き方を選択していくのかだろう。

私が今すべきことは、脚光を浴びてきた歴史の「編みなおし」ではなく、なかったことにされてきた名もない女性たちの生きた証を、後世に手渡していくことではないだろうか。この滞在を通して、私が取り組んでいきたいことの輪郭が、よりくっきりと見えてきていた。

兄への手紙、またいつか

兄さんへ

久しぶりに手紙を綴ります。この秋、韓国への旅を経て、日本に戻ってきました。何から伝えればいいのか分からないくらいですが、滞在中、「私たち」のはとこや、父さんのいとこに出会うことができました。

帰国してふと、考えたのです。

そもそも日本の植民地支配がなければ、祖父たちは日本に渡ってきていないかもしれません。もしもその後、朝鮮戦争が起きていなければ、祖父たちはもっと早く、故郷に戻ることができたかもしれません。そうなっていれば、父さんと母さんは出会うことがなく、兄さんも私も、生まれていなかったでしょう。

この「もしも」を突き詰めると、複雑な思いになります。すべての時計を巻き戻し、戦争が起きて自分が生まれる世界の運命と、戦争が起きず私が生まれない道が選べるなら、私は後者を選びたい、と思うことがあります。

でも、一度進んだ時計は、二度と巻き戻すことはできません。そして私は、私たちは、「生まれてきてしまった」のです。

占領も、戦争も、起きてしまったのではなく、起こされてしまったものです。ただ私は、「生まれてきてしまった」ではなく、「生まれてこれた」と言えるよう、自分の命を何のために使うのかを考えています。

この旅を通してずっと、「ルーツとは何か」「故郷とは何か」を考え続けてきました。ルーツ、「根」は日頃、土の下に隠れていて目に見えないものです。けれどもそれは、土壌の中の無数の粒子を吸い込み、張り巡らされてきたものでしょう。その根のあり様を探りながら、今を生きる人間として、枝葉を伸ばす方角を見定めようとしています。

一六歳のとき、カンボジアから帰国して感じた、あの底なしの「寂しさ」を味わうことはもう、ないかもしれません。なぜなら私には、心のよりどころとしての「故郷」が複数あるからです。

それは単に自分の「血」とかかわる場所ではなく、大切な人が生きている場所、生きてきた場所なのだと、今ははっきりと言葉にできます。

私にとっては母たちがいる実家であり、親戚がいる大邱であり、夫の家族がいた陸前高田市であり、そして、心を許せる人たちがいる、桜本や京都、神戸です。どれも私という人間が人間らしく生きる上で、なくてはならない場所となりました。

だからこそ、多くの在日コリアンが直面した、慣れ親しんだ場所から切り離される不条理について考えています。「出ていけ」と言われる痛みに思いをはせます。

兄さん、私にはまだ、残された「宿題」があります。

祖母の生きた道のりは、いまだベールの向こうです。彼女の手がかりに、私がこれからどれだけ近づけるかは未知数です。ただ少なくとも、私のやるべきことが見えてきました。置き去りにされがちだった人々の、女性たちの声を、写真で、言葉で、刻んでいきたいのです。

その中で偶然にも、祖母の命の片鱗を、少しでも拾い上げることができたなら、あなたにまた、手紙を書きます。

それではまた、その日まで。

朝鮮戦争で犠牲になった兵士の墓地で

エピローグ

秋が深まってきた季節とは思えないほど、ぽかぽかと柔らかな日の光が大地に降り注ぐ日だった。たっぷりと海の香りを含んだ風を感じながら、私は公園の芝生の間で車いすを押す。この日、川崎・桜本「ふれあい館」の「ウリマダン」に参加するハルモニたちが、大森ふるさとの浜辺公園を遠足で訪れていた。

「ウリマダン」は直訳すると、「私たちの広場」という意味だ。余暇もなく必死に働き、教育の機会を逸《いっ》してきたハルモニたちは、日本語の読み書きができないことで地域から孤立しがちだった。そんな在日一世たちのために開かれた識字学習の場が、「ウリマダン」の前身だった。今では在日二世や戦後に韓国から渡ってきたニューカマー、南米にルーツがある高齢者、あるいは日本の社会福祉になじめない日本人も含め、様々なバックグラウンドを持つ人々の拠点となっている。最近では、自身のライフヒストリーを作文に綴ったり、人形劇に挑戦したりするなど、活動も多岐にわたる。私も時折顔を出しては、ハルモニたちの語りに耳を傾けていた。

私が押す車いすに座る李榮子《いよんじゃ》さんは九二歳となり、自身の足で歩けないことが多くなった。榮子さんは一九六一年、乳がんの治療を受けるために韓国から来日し、こちらで結婚した日本人の男性と二人で暮らしている。

釜山で生まれた榮子さんは、四歳で現在の朝鮮民主主義人民共和国に移り、そこで日本の敗戦を迎えたという。避難先まで進駐してきたロシア兵による略奪に怯《おび》えながら、一家は岐路に立たされた。このまま北に留まるか、それとも南へ戻るか――。「いつもはあんまり喧嘩しないオモニとアボジが、一晩中喧嘩していました」と、当時を振り返る。解放されたのだから故郷に帰ろうと母は曲げず、最後は父が折れた。榮子さんは朝鮮戦争が始まる前に、両親と釜山を目指し密航していくことになる。何家族もが同じボートで海を渡り、服がドロドロになりながら山を越えた。

榮子さんはその後、〝ポッタリチャンサ〟と呼ばれる行商人をしながら生計を立て、未婚のまま二人の子どもを育て上げた。父親の違う兄弟だと言うが、二人は今、一緒に眼鏡屋を営んでいる。「しっかりした子たちに育った」と、自慢の息子たちの話になると、榮子さんは時折、眼鏡をずらして涙をぬぐった。小さな宝石がちりばめられたお洒落な眼鏡は、二人からの大切な贈り物だという。

「日本人と結婚したけど、息子たちは反対もせず受け入れてくれてね……」。そう語るとき、榮子さんの言葉にひときわ力がこもった。日本人との結婚は、韓国社会で必ずしも歓迎されることばかりではないのだと、榮子さんは感じてきたようだ。

以前、榮子さんの自宅を訪ねたとき、私の祖母も榮子さんと同郷なのだと告げると、「釜山はねえ、礼儀正しい人たちが多くって、いいところよ。昔から、老人を見たら挨拶するし、重い荷物を持っている人を見たら手伝うしね」と、遠い日々のことをありありと語ってくれた。以来、私は榮子さんの「川崎の孫」を名乗り、ウリマダンでは必ず隣に座っておしゃべりをした。

時折榮子さんは、同じ話を繰り返すことがある。少しずつ、自分の記憶がおぼろげになってしまっていることを不安そうに話し、「もう何も分からなくなってしまってるの」とうつむく。

ふいに何かをつぶやくときにも、日本語ではなく、韓国語を使うことが増えた。エルファの南珣賢さんが語っていたように、認知症が進むと、後から覚えた言葉を忘れてしまうこともあるそうだ。私はその度にただ「うん、うん」と相槌《あいづち》を打つ。私には言葉が分からない。けれどもせめて、「しっかり聴いていますよ」という意思を、榮子さんに伝えたかったのだ。

私はこれまでずっと、「ルーツがあれば話せて当然」といった能力に紐づける声に反発し、韓国語と向き合うことを避けてきた。「母国語が話せないなんてかわいそう」という、バイト先の男性にかけられたような言葉が食い込んでこないよう、心に鎧《よろい》を作り上げていた。けれども今は、素直に、切実に、学ぶことを欲している。榮子さんがこの世界に残していく言葉のひとつひとつを、受け止め、刻みたいと願っている。

この日私は、榮子さんに内緒で持ってきたものがあった。

「榮子ハルモニ、これ」と差し出した写真を見たとき、ついさっきまで「もう何も分からない」と嘆いていた榮子さんの顔がぱっと輝いた。

「息子たちだね！」

私は釜山で、二人の息子たちが営んでいる眼鏡屋を訪れていたのだ。榮子さんとうりふたつと言っていいほどそっくりな兄弟は、しきりに老齢の母のことを心配していた。

「これ、お二人が作ってくれたんですよ」と、目の前の海と同じ色をしたフレームのメガネを見せると、榮子さんの目がかすかに潤《うる》む。「苦労して育てたんだ。父親が違うのに仲が良くてね」と、また息子たちの話に花が咲いた。

そんなハルモニたちのよりどころでもあるふれあい館では、活動を脅かされる事態が続いていた。脅迫年賀状に続いて二〇二一年三月、「日本人へイトを許さない会」を名乗る手紙が館長宛てに届き、タイプされた「朝鮮人豚ども根絶やし最大の天罰が下るのを願ってる」という文面のあとに、「死ね」が一四回も繰り返されていた。さらに封筒には、菓子の空き袋が入れられ、「コロナ入り残りカスでも食ってろ」とウイルスが付着しているかのような文言まで記されていた。その犯人は今も、特定されていない。ネット上の被害も後を絶たない。桜本への危害をほのめかしながら刃物の写真を投稿した男は、その後も平然とSNSの更新を続けていた。

ヘイトスピーチという言葉の暴力が、身体的な暴力より軽い、ということはない。館長の江以子さんはこの日も、防刃服を身にまとっていた。

公園の一角のテーブルにハルモニたちがつくと、誰かが自然とチャンゴを叩き出す。その軽快な音とともに「アリラン」の合唱になると、榮子さんも思わず立ち上がる。以前のように軽やか

ウリマダンの遠足で。左から２人目が榮子ハルモニ

に踊ることはもうできない。それでも二歩、三歩とリズムを刻み、また車いすに腰かけると、目を細めて懐かしい歌を口ずさむ。

榮子さんたちに残された時間がせめて、豊かなものであるようにと願いを込め、一枚一枚シャッターを切る。ささやかでかけがえのないこのひと時を、江以子さんや職員、携わる人のすべてが、抱きしめるように守り続けている。

バンに乗って公園を後にしていくハルモニたちを見送りながら、ふとまた、父のことを思い出す。再び、その命日が近づいていた。もしも近くにこんな人の輪があれば、父は今も、私のそばにいたのだろうか。

二〇〇〇年一〇月三一日、父は車に排ガスを引き込んで、死んだ。あのときの自分にどうすれば、ガスの充満する車内から父を救い出せたのだろうか。母が出会った頃からすでに、父の心には希死念慮《きしねんりょ》が根深く巣くっていたという。私が生まれてからもなお、その念から逃れることはできなかった。時には母が、泣いているところを私に見られまいと必死に隠しながら、各所に相談に出向いていたという。けれども父が、心の居場所としての「故郷」を見つけることはついにかなった。

人が死に至るまでの過程には、複雑な要因が絡み合う。何に苦しんできたのか、父はもう、自らの言葉で語ることができない。

誰かが命を絶ったとき、そばにいた人たちは問い続けることになる。「どうして救えなかったのか」「自分にもっとできることがあったのではないか」、あるいは「自分が傷つけてしまったのではないか」と。

なぜ自分は、父をこの世につなぎとめるための「命の重し」になれなかったのか。絵本を読んでくれたとき、父に放った言葉もまた、父を追い詰めたのではないか——私自身もそうした思いをぬぐえずに生きてきた。

そんなあるとき出会ったのが、兄への手紙にも綴った、自殺対策のポスターの標語だった。

「弱かったのは、個人でなく、社会の支えでした」

この言葉に触れて私は初めて、視点を変え、「社会」の側にも目を向けることができるようになった。誰かの人生やルーツは、そんな世の中の写し鏡だ。父のルーツもまた、在日コリアンの歩みや構造的な差別と切り離せないものだろう。

父が生きられたはずの社会になることを願う。

その願いをかなえるためにも、旅は続く。

陸前高田市大野湾を望んで

感謝を込めて

この本に綴ったルーツを巡る旅は、多くの人の支えがなければ成しえないものだった。関わってくれたすべての人に、感謝を伝えたい。

この社会に存在する国籍や出自、ルーツや文化の「違い」は、「なくすもの」でも「乗り越える」ためのものでもない。だからこそ「皆、地球人」という、フラットに均《なら》してしまう語りにも違和感がある。違いが違いとして、ただそこに自然と存在することができる社会が、生き心地のいい場所なのだと、私は思う。

旅を続け、地域や時をこえて縁がつながっていく過程で、「日頃は近くにいても接点がない」という立場や政治信条の相容れない人同士が、共に焼肉を囲み語らうこともあった。この本が何か、同じ場を分かち合うための糸口を見つける一助となれば嬉しく思う。

安田菜津紀

相談窓口

電話相談

よりそいホットライン

一般社団法人 社会的包摂サポートセンター

24時間対応・フリーダイヤル・無料

TEL **0120-279-338**

岩手県・宮城県・福島県からは **0120-279-226**

※ガイダンスで専門的な対応も選べます(外国語含む)

WEB https://www.since2011.net/yorisoi/

チャット相談

生きづらびっと

特定非営利活動法人 自殺対策支援センターライフリンク

LINE友だち追加

相談受付時間などの詳細は
こちらからご確認ください

参考文献

師岡康子『ヘイト・スピーチとは何か』岩波新書、二〇一三年
村上しほり『神戸 闇市からの復興——占領下にせめぎあう都市空間』慶應義塾大学出版会、二〇一八年
康潤伊・鈴木宏子・丹野清人編著『わたしもじだいのいちぶです——川崎桜本・ハルモニたちがつづった生活史』日本評論社、二〇一九年
中村一成『ルポ 京都朝鮮学校襲撃事件——〈ヘイトクライム〉に抗して』岩波書店、二〇一四年
中村一成『声を刻む——在日無年金訴訟をめぐる人々』インパクト出版会、二〇〇五年
中村一成『ウトロ ここで生き、ここで死ぬ』三一書房、二〇二二年
ちゃんへん.『ぼくは挑戦人』ホーム社、二〇二〇年
角南圭祐『ヘイトスピーチと対抗報道』集英社新書、二〇二一年
郡司信夫『ボクシング百年』時事通信社、一九六六年
加藤直樹『九月、東京の路上で——1923年関東大震災 ジェノサイドの残響』ころから、二〇一四年
矢野宏『在日挑戦——朝鮮高級学校生インターハイへの道』木馬書館、一九九五年

安田菜津紀　やすだ・なつき

1987年神奈川県生まれ。認定NPO法人Dialogue for People（ダイアローグフォーピープル/D4P)副代表。フォトジャーナリスト。16歳のとき、「国境なき子どもたち」友情のレポーターとしてカンボジアで貧困にさらされる子どもたちを取材。現在、東南アジア、中東、アフリカ、日本国内で難民や貧困、災害の取材を進める。東日本大震災以降は岩手県陸前高田市を中心に、被災地を記録し続けている。著書に『写真で伝える仕事 ── 世界の子どもたちと向き合って』（日本写真企画）、『あなたのルーツを教えて下さい』（左右社）、『隣人のあなた ── 「移民社会」日本でいま起きていること』（岩波ブックレット）他。現在、TBSテレビ『サンデーモーニング』にコメンテーターとして出演中。

認定NPO法人Dialogue for Peopleは、取材や発信などの活動継続のため、
ご寄付によるサポーターを随時募集しています。https://d4p.world/

国籍と遺書、兄への手紙

ルーツを巡る旅の先に

2023年5月8日　初版第1刷発行
2023年9月28日　初版第3刷発行

著　者　安田菜津紀
発行者　大野祐子／森本直樹
発行所　合同会社ヘウレーカ
http://heureka-books.com
〒180-0002　東京都武蔵野市吉祥寺東町2-43-11
TEL：0422-77-4368
FAX：0422-77-4368
ブックデザイン　生駒浩平（サイカンパニー）
印刷・製本　株式会社シナノ

ISBN 978-4-909753-15-1　C 0036